CHRISTIAN WOLLSCHLÄGER

Geschäftsführung ohne Auftrag im öffentlichen Recht und Erstattungsanspruch

Schriften zum Öffentlichen Recht

Band 324

Geschäftsführung ohne Auftrag im öffentlichen Recht und Erstattungsanspruch

Von

Christian Wollschläger

DUNCKER & HUMBLOT / BERLIN

Gedruckt 1977 bei Buchdruckerei Bruno Luck, Berlin 65
Printed in Germany
ISBN 3 428 03956 4

Inhaltsverzeichnis

Die Abkürzungen folgen Kirchner, Abkürzungsverzeichnis der Rechtssprache (2. Aufl. 1968). Abkürzungen älterer Zeitschriften und Sammlungen ferner bei Wollschläger, Die Geschäftsführung ohne Auftrag (1976) 329 ff.

§ 1. Einleitung

Die Anwendung der Geschäftsführung ohne Auftrag im öffentlichen Recht hat eine lange Tradition. In den Befreiungskriegen wurde 1813 die steinerne Elbbrücke zu Dresden zerstört. Weil die Stadt den Wiederaufbau nicht bezahlen konnte, ließ der sächsische Staat ihn ausführen und verlangte Kostenersatz aus negotiorum gestio. Das Appellationsgericht Dresden wies die Klage mit der Begründung ab, die der Stadt obliegende Unterhaltslast umfasse den Wiederaufbau der Brücke nicht, außerdem habe der kriegführende sächsische Staat für die Sprengung durch die verbündete französische Armee einzustehen[1]. Ein ähnlicher Sachverhalt wurde noch im Jahre 1975 anhand der gleichen zivilrechtlichen Anspruchsgrundlage entschieden. Das Oberverwaltungsgericht Münster verurteilte einen Wasserverband „in entsprechender Anwendung der §§ 683 S. 1, 670 BGB“ dazu, Kosten der Instandsetzung einer durch Hochwasser beschädigten Ufermauer aufgrund der Unterhaltungspflicht zu erstatten[2].

Das Urteil steht ganz im Einklang mit der heute in Rechtsprechung und Rechtslehre herrschenden Meinung, nach der die §§ 677 ff. BGB im öffentlichen Recht als allgemeiner Rechtsgedanke gelten oder analog anzuwenden sind[3]. Einschränkungen werden nur für Einzelfälle, namentlich für die polizeiliche Ersatzvornahme gemacht[4]. Otto Mayers schon 1896 erhobene Forderung, das Verwaltungsrecht solle sich von der negotiorum gestio wie von zivilrechtlichen Denkformen überhaupt lösen[5], ist augenscheinlich erfolglos geblieben[6].

---

[1] *AppG Dresden* Wochenbl 1844, 65, 70 ff.

[2] *OVG Münster* NJW 1976, 1956 (23. 10. 1975).

[3] *BVerfG* 18, 429, 436 (31. 3. 1965); *BVerwG* 18, 221, 222 (15. 4. 1964); *BSG* 6, 197, 199 (10. 12. 1957). *Wolff / Bachof*, Verwaltungsrecht I (9. Aufl. 1974) § 44 I b; *Erichsen / Martens* in: *dies.*, Allg. Verwaltungsrecht (1975) 222 ff.; *von Turegg / Kraus*, Lehrb. d. Verwaltungsrechts (4. Aufl. 1962) 118. w. Nachw. zum öff.-r. Schrifttum unten § 2 Fußn. 72. — Grundsätzl. bejahend auch das zivilrechtliche Schrifttum: *Palandt / Thomas*, BGB (35. Aufl. 1976) § 677 Anm. 2 a; *Erman / Hauß*, BGB (5. Aufl. 1972) Rn. 23 ff. vor § 677; *RGRK-BGB / Steffen* (12. Aufl. 1974) Rn. 106 vor § 677; *Staudinger / Nipperdey, BGB* (11. Aufl. 1954 ff.) Rn. 64, 68 vor § 677; *Soergel / Mühl*, BGB (10. Aufl. 1969) Rn. 4 ff. vor § 677.

[4] Nachw. unten § 5 Fußn. 37.

[5] Deutsches Verwaltungsrecht II (1. Aufl. 1896) 426 ff. gegen die Allgemeingültigkeit der neg. gestio; ganz abl. die 3. Aufl. (1924) 386 ff. Fußn. 18, 30.

[6] Die h. M. wird zuletzt bestätigt von *Arnd G. Hoepffner*, Die Geschäftsführung ohne Auftrag in der Verwaltung. Diss. Würzburg 1972. Im folg. zitiert „*Hoepffner*, Diss. 1972“.

Diese Tradition bedarf gerade wegen ihres Alters kritischer Überprüfung. Sie stammt aus einer Zeit, in der vermögensrechtliche Fragen des öffentlichen Rechts noch ganz mit Hilfe des Privatrechts bewältigt wurden. Für das Appellationsgericht Dresden folgte die Anwendbarkeit der negotiorum gestio auf den Streit um die Brückenbaulast selbstverständlich aus der Fiskuslehre, derzufolge der Staat in vermögensrechtlicher Hinsicht als Privatrechtssubjekt galt, so daß er privatrechtlichen Normen und der ordentlichen Gerichtsbarkeit unterlag[7]. Seitdem hat die allgemeine Trennung des öffentlichen vom bürgerlichen Recht das Gebiet des Vermögensrechts mit erfaßt: ein Verwaltungsschuldrecht ist entstanden. Zwar lehnt sich dieses noch vielfach an das bürgerliche Recht an. Doch hat es als spezifisches verwaltungsrechtliches Institut den Erstattungsanspruch hervorgebracht, welcher dem Ausgleich unrechtmäßiger Vermögensverschiebungen im öffentlichen Recht dient[8]. Die Anerkennung dieses Anspruchs wirft die Frage auf, ob die Geschäftsführung ohne Auftrag daneben noch eine eigene Existenzberechtigung hat. Außerdem ist mit dem Ausbau der allgemeinen Verwaltungsgerichtsbarkeit nach dem zweiten Weltkrieg ein grundlegender Wandel im Verhältnis zur Zivilgerichtsbarkeit eingetreten. Die Anwendung der negotiorum gestio im öffentlichen Recht reicht in Zeiten zurück, in denen es überhaupt noch keine Verwaltungsgerichte gab[9]. Das rechtspolitische Bedürfnis, öffentlich-rechtliche Vorgänge dem Privatrecht zu unterstellen, um Rechtsschutz durch die ordentlichen Gerichte zu erzielen, ist indessen mit der Einführung der verwaltungsgerichtlichen Generalklausel entfallen.

Diese Entwicklung führt auf die im folgenden auszuführende These, daß die Geschäftsführung ohne Auftrag im öffentlichen Recht aufzugeben ist. Die Arbeit unternimmt den Nachweis, daß die bisher mit Hilfe dieses Rechtsinstituts entschiedenen Ausgleichsprobleme aufgrund des Erstattungsanspruchs zu lösen sind, wo sie nicht unmittelbar dem Privatrecht oder speziellen Verwaltungsgesetzen unterliegen. Zugleich

---

[7] *Holtzendorff*, Rechtslexikon (3. Aufl. 1880 - 1) Art. Fiskus, Fiskusrecht; *Lassar*, Der Erstattungsanspruch (1921) 3 ff. m. w. Nachw.; *Forsthoff*, Verwaltungsrecht I (10. Aufl. 1973) § 6 S. 108; *Wolff / Bachof*, VerwR I § 8 III b.

[8] *Wolff / Bachof*, VerwR I § 44 I b 6 α; *Forsthoff*, VerwR I 175; *Erichsen / Martens*, Allg. Verwaltungsrecht 186 ff. Überblick bei *Wallerath* DÖV 1972, 221.

[9] Zuerst 1863 in Baden. — Ein Ereignis aus dem Spanischen Erbfolgekrieg zeigt, daß die neg. gestio schon vor dem hier untersuchten Zeitraum in Beziehungen angewandt wurde, die heute als öffentlich-rechtlich zu qualifizieren wären (nach *Glafey*, Recht der Vernunfft [3. Aufl. 1746] Buch 3 Cap. 5 §§ 69 - 101 S. 1060 - 1075). Als die französische Armee nach der Niederlage bei Höchstädt (1703) abrückte, zahlte ihr die Stadt Memmingen eine Geldsumme, um der Zerstörung zu entgehen. Letztere verlangte Ersatz bei den umliegenden Kreis-Ständen, weil auch deren gefährdeter Besitz gerettet war. Glafey billigt das auf der Grundlage nützlicher neg. gestio (§ 99). Ein zweiter Fall von 1713 (Sequestration von Stettin) bei *Glafey* ebd. §§ 102 - 109.

soll durch eine genauere Fassung einzelner Tatbestände des Erstattungsanspruchs die Dogmatik dieser öffentlich-rechtlichen Ausgleichsnorm gefördert werden. Methodische Grundlage des Vorhabens ist eine Analyse der Rechtsprechung. Die Arbeit sucht sich damit von der einseitig begrifflichen Betrachtungsweise zu lösen, welche die bisherige Behandlung des Themas kennzeichnet[10]. Statt von den allgemeinen Normen auszugehen, deren Geltung gerade der Überprüfung bedarf, werden sämtliche veröffentlichten Gerichtsentscheidungen, welche die negotiorum gestio am konkreten Problem anwandten, untersucht — aber auch nur diese. Auf dieser rechtstatsächlichen Grundlage soll das effektiv geltende Recht ermittelt werden, weil eine an Schulfällen und konstruierten Scheinproblemen orientierte Dogmatik der praktischen Rechtsanwendung nicht nützen kann.

Die Untersuchung verwertet alle einschlägigen Urteile, die von etwa 1830 bis Ende 1976 veröffentlicht wurden. Sie umfaßt damit den gesamten Zeitraum, für den in Deutschland kontinuierlich erscheinende Urteile mit originalen Begründungen verfügbar sind[11]. In diesem historischen Rahmen sind zwar die konkreten verwaltungsrechtlichen Probleme, die mit Hilfe der negotiorum gestio gelöst wurden, vielfach durch spätere gesetzliche Regelung oder durch Zeitablauf obsolet geworden. Dennoch bleiben sie weiterhin für die Ermittlung tatbestandlicher Strukturen der unverändert gebliebenen allgemeinen Ausgleichsnormen von Bedeutung. Abgesehen davon verlangen gerade die zahlreichen Zitate älterer Urteile in der Kommentarliteratur[12] eine Prüfung der Aktualität der Entscheidung und eine Angabe des konkreten Sachproblems, zu dem die angeführten abstrakten Feststellungen der Gerichte gehören.

Da sich die Grenzen zwischen privatem und öffentlichem Recht im untersuchten Zeitraum wesentlich verschoben haben, durfte die Antwort auf die Frage, welchem Rechtsgebiet die negotiorum gestio im Einzelfall zuzuordnen war, nicht durch die Auswahl präjudiziert werden. Deshalb wurden sämtliche Prozesse einbezogen, an denen Staat, Gemeinden und andere Träger öffentlicher Verwaltung, die nach heute geltendem Recht als solche zu qualifizieren sind, als Kläger oder Beklagter beteiligt waren. Sie werden im folgenden vereinfachend als „Behörden" bezeichnet, obwohl es sich überall um rechts- und parteifähige „Träger öffentlicher Verwaltung" handelte[13].

---

[10] Vgl. *Hoepffner*, Diss. 1972; *H. H. Klein* DVBl 1968, 165; *Freund* JZ 1975, 513.

[11] Die Entwicklung des heutigen Systems der juristischen Dokumentation ist historisch noch nicht untersucht. Eine ihrer rechtlichen Voraussetzungen ist der Begründungszwang für Urteile selbst. Er wurde erst in den Prozeßgesetzen vom 18. Jh. an eingeführt; *Kerameus* AcP 167 (1967) 241, 246; *Gehrke*, Die privatrechtliche Entscheidungsliteratur Deutschlands (1974) 23 ff., 29 f.

[12] Siehe *Staudinger / Nipperdey*, BGB, Rn. 69 vor § 677; *Soergel / Mühl*, BGB, Rn. 4 - 8 vor § 677.

Die vorliegende Arbeit bildet das Seitenstück zu einer Untersuchung des privatrechtlichen Anwendungsbereichs der Geschäftsführung ohne Auftrag[14]. Sie folgt deren Methode, effektiv geltendes Recht nicht aus Lehrbüchern und dogmatischen Konstruktionen, sondern aus der konkreten Anwendung der Normen in der Gerichtspraxis zu gewinnen. Inhaltlich baut sie insofern auf deren Ergebnissen auf, als der Regelungszweck der §§ 677 ff. BGB entgegen der unangefochten herrschenden Lehre nicht in der Förderung und Anerkennung von Menschenhilfe gesehen wird. Das schließt es aus, diesen Gedanken in das öffentliche Recht zu übertragen, wie es unlängst Hoepffner unternommen hat[15]. Dies muß freilich anhand der öffentlich-rechtlichen Judikatur im einzelnen nachgewiesen werden. Die in der zivilrechtlichen Untersuchung entwickelte vermögensrechtliche Konzeption der Geschäftsführung ohne Auftrag hat die hier entwickelte Hauptthese insofern beeinflußt, als sie den Zweck des Rechtsinstituts in dem Ausgleich unrechtmäßiger Vermögenslagen erblickt, die aus stellvertretend-geschäftsführendem Handeln in einem fremden Zuständigkeitsbereich entstehen. Daraus folgt eine weitgehende Übereinstimmung mit der Funktion und den Einzeltatbeständen des Bereicherungsrechts. Für das öffentliche Recht empfiehlt es sich aus diesem Grund, strukturgleiche Ausgleichsprobleme einzig mit Hilfe des Erstattungsanspruchs zu lösen. Auf diese Weise sind die historisch überkommenen zwei zivilrechtlichen Vorbilder der negotiorum gestio und der condictio zu einem Rechtsinstitut des Verwaltungsschuldrechts zu verschmelzen.

Ein Einzelergebnis, das den Aufbau der folgenden Darstellung bestimmt, ist die schärfere Unterscheidung von Aufwendungen im engeren Sinne freiwilliger Vermögensminderungen und Schäden, die unfreiwillig erlitten werden[16]. Es wird daher zunächst der Ersatz von Aufwendungen geprüft, auf den sich der öffentlich-rechtliche Anwendungsbereich der Geschäftsführung ohnehin mit nur wenigen Ausnahmen beschränkt hat. An die Prüfung von Ansprüchen der Behörden untereinander (§ 2) schließen sich die Ansprüche von Privatpersonen gegen Behörden (§ 3). Es folgen der Rückgriff von Behörden wegen der Erfüllung privatrechtlicher Pflichten (§ 4), sodann die polizeiliche Ersatzvornahme

---

13 Zur Abgrenzung *Forsthoff,* VerwR I 442 f.; *Wolff / Bachof,* VerwR I § 4 I a 2; *Erichsen / Martens,* Allg. Verwaltungsrecht 133 f.

14 Die Geschäftsführung ohne Auftrag. Theorie und Rechtsprechung (1976). Im folg. zitiert „*Wollschläger,* GoA".

15 *Hoepffner,* Diss. 1972, 20 ff., 76 ff.; *H. H. Klein* DVBl 1968, 165, 167. Dagegen *Wollschläger,* GoA 16 f., 24 ff. Unrichtig insb. die Ansicht Hoepffners, die Verfasser des BGB wären Kohlers Theorie der Menschenhilfe gefolgt. Sein Zitat der Protokolle (ebd. 21 f., 39) belegt gerade das Gegenteil. Es handelt sich um die Ansicht der in der Zweiten Kommission unterlegenen Mindermeinung (*Wollschläger,* GoA 37 Fußn. 57).

16 *Wollschläger,* GoA 290 ff.

und einige verwandte Fälle (§ 5). Schließlich werden Urteile zum Ausgleich von Schäden zwischen Behörden und Privatpersonen untersucht (§ 6).

Die von manchen für möglich gehaltene öffentlich-rechtliche Geschäftsführung ohne Auftrag zwischen Privatpersonen gehört in das bürgerliche Recht[17]. Zwar werfen diese Fälle, wie z. B. der Ausgleich zwischen mehreren Polizeipflichtigen, überwiegend öffentlich-rechtliche Probleme auf, weil ihnen die Erfüllung öffentlich-rechtlicher Pflichten zugrundeliegt. Die daraus entspringenden Regreßansprüche unterliegen jedoch privatautonomer Verfügungsbefugnis und beruhen auf bürgerlichem Recht.

---

17 *Wollschläger*, GoA 150 ff., 153 gegen *H. H. Klein* DVBl 1968, 165, 170 und *Hoepffner*, Diss. 1972, 166 f. Das von *Lassar*, Der Erstattungsanspruch (1921) 105 vorgeschlagene Institut eines „Abbürdungsanspruchs" des öff. Rechts hat sich nicht eingebürgert.

§ 2. Der Rückgriff zwischen Behörden wegen der Erfüllung fremder Verwaltungsaufgaben

I. Tatbestand und Ausgleichsproblem

Die im folgenden behandelten Klagen sind dadurch gekennzeichnet, daß eine Behörde für eine von ihr durchgeführte Verwaltungsmaßnahme von einer anderen Behörde Kostenersatz mit der Begründung verlangte, sie habe deren Geschäft ohne Auftrag nützlich geführt.

1. Die Bereiche öffentlicher Verwaltung

Betrachten wir zunächst die Bereiche öffentlicher Verwaltung, aus denen diese Prozesse herrühren, zeigt sich ein uneinheitliches Bild. Der eingangs erwähnte sächsische Streit um die Brückenbaulast[1], der sich ähnlich nach dem zweiten Weltkrieg wiederholte[2], gehört mit anderen Fällen der Unterhaltung und Sicherung öffentlicher Verkehrsanlagen[3] zum Recht der öffentlichen Sachen. Bis in die Weimarer Zeit wurde aufgrund der negotiorum gestio über die Kirchenbaulast entschieden[4]. Personal- und Sachkosten der Schulträgerschaft waren streitig[5], ferner die Versorgung von Angehörigen des öffentlichen Dienstes[6]. Als zahlen-

---

[1] *AppG Dresden* Wochenbl 1844, 65 (oben § 1 Fußn. 1). Ferner *OAG Cassel* HeusersAnn 14, 138 (7. 7. 1866).

[2] *BGH* NJW 1956, 382 (25. 11. 1955) teilw. in BGHZ 19, 126: Beseitigung von Brückentrümmern zwecks Wiederaufbaus. *LG Würzburg* VkBl 1959, 552 (28. 5. 1958): Aufrechterhaltung der öff. Wasserversorgung beim Brückenbau.

[3] *RG* JW 1923, 78 (23. 1. 1922): Streuen auf Staatsstraßen. *OVG Münster* OVGE 18, 384 (18. 7. 1962): Wegedurchlaß an Fernstraße. *BGH* NJW 1963, 1919 (19. 6. 1963): Verfüllung eines Luftschutzstollens unter einer Straße. *OLG München* NJW 1968, 604 (25. 1. 1968); *BayVGH* VerwRspr 21, 397 (29. 10. 1969); *BGH* VkBl 1971, 609 (22. 2. 1971): Beleuchtung der Ortsdurchfahrt von Bundesstraßen. *BGH* LM Nr. 18 zu § 677 BGB (31. 1. 1975): Verlängerung des Pumpstollens eines städt. Wasserwerks beim Bau einer Umgehungsstraße. *OVG Münster* NJW 1976, 1956: Ufermauer (oben § 1 Fußn. 2).

[4] *BayObLGZ* 3, 490 (17. 5. 1873); *RGZ* 27, 331 (18. 11. 1890); *PrOVG* 76, 328 (4. 5. 1920); *RGZ* 102, 9 (14. 3. 1921); *PrOVG* 86, 199, 203 (7. 10. 1930). — Ferner *Bad. Oberhofgericht* BadAnn 28, 38 (25. 9. 1860): Kirchenfonds ./. Zehntherrn; *OLG Rostock* MecklZ 47, 370 (10. 2. 1931): Kirchenpatron ./. Gemeinde. — *Bad. Oberhofgericht* BadAnn 23 (1856) 81 verneint GoA, bejaht aber Schadensersatzanspruch.

[5] *BayObLGZ* 2, 295 (23. 5. 1872): Lehrerbesoldung. *OLG Karlsruhe* BadAnn 52, 161 (26. 3. 1886): Lehrerwohnung. *RGZ* 113, 178 (29. 3. 1926); *RGZ* 154, 219 (18. 3. 1937): Lehrerbesoldung.

mäßig größte Gruppe fallen die Prozesse um Sozialleistungen auf, sei es um die Erstattung von Armenunterstützung bzw. Sozialhilfe[7] oder von Krankheitskosten durch die Träger der Sozialversicherung[8]. Im ganzen liegt das Schwergewicht des Anwendungsbereichs der Geschäftsführung ohne Auftrag zwischen Behörden in der nichthoheitlichen, leistenden Verwaltung. Klagen auf Ersatz von Polizeikosten bilden eine Minderzahl[9, 10].

2. Der typische Sachverhalt

a) Not- und Eilfälle?

Der typische Sachverhalt, welcher einer Berufung auf Geschäftsführung ohne Auftrag zwischen Behörden zugrundeliegt, müßte nach der herrschenden Theorie der Menschenhilfe ein Not- und Eilfall sein[11].

---

[6] *RGZ* 92, 401 (18.4.1918): Militär- ./. Eisenbahnfiskus wegen Hinterbliebenenversorgung. *BVerwG* DVBl 1956, 375 (9.12.1955): Kreis ./. Land wegen Beamtenpension. Ferner Fußn. 5.

[7] Ord. Rechtsweg bejaht von *RGZ* 41, 267 (27.4.1898): Krankenkasse ./. Ortsarmenverband wegen der Krankheitskosten eines Armen; *OLG Hamburg* SeuffArch 48 Nr. 86 (10.6.1892): Armenverband ./. Hilfskasse (vgl. § 1531 RVO); *RGZ* 150, 243 (11.2.1936): Stadt ./. Fürsorgeträger wegen der Krankenhausaufnahme von Fürsorgeempfängern. — Rechtsweg verneint von *RG* SeuffArch 41 Nr. 140 (1885): Staat ./. Armenverband; *RGZ* 130, 268 (21.11. 1930); *RGZ* 133, 244 (13.7.1931): Streit zwischen Fürsorgeträgern. Ferner *BVerwG* 18, 221 (15.4.1964): Sozialhilfeträger ./. Land wegen der Kosten der Unterbringung eines geisteskranken Strafgefangenen. Vgl. *RGZ* 64, 1 (23.5. 1906): Korrektionsnachhaft.

[8] *PrOVG* 34, 272 (23.4.1898): AOK ./. Berufsgenossenschaft; BSG 6, 197 (20.12.1957): Betriebskrankenkasse ./. AOK; *LVG Berlin* FVGE 6, 29 (9.1. 1959): Fürsorgeträger ./. Krankenkasse wegen Leistungen nach § 276 LAG; *BSG* 15, 56 (28.8.1961): AOK ./. AOK; *BSG* 15, 89 (7.9.1961): Knappschaft ./. AOK; *BSG* 20, 143 (13.2.1964): AOK ./. AOK. — Ferner *LG Aachen* VersR 1968, 657 (8.11.1967): AOK ./. Land wegen der Krankheitskosten eines impfgeschädigten Kindes.

[9] Streit zwischen Polizeiträgern wegen der Kosten der Seuchenbekämpfung: *RGZ* 77, 193 (15.6.1911); *RG* JW 1911, 992 (2.10.1911); *OLG Posen* PosMSchr 16, 16 (10.1.1913); vgl. jetzt § 62 BSeuchG. — Ferner wegen der Kosten eines Rettungstransportdienstes: *RG* JW 1910, 186 (10.1.1910). — Polizeiträger ./. AOK wegen der Kosten der Zwangsheilung Geschlechtskranker: *OLG Hamburg* OLGRspr 18, 23 (29.7.1907); *OLG Hamburg* BreslauAK 1912, 37 (18.6. 1908); *RGZ* 92, 197 (11.2.1918). Jetzt § 22 GeschlKrG. — Polizei ./. Fürsorgeträger wegen der Kosten der Unterbringung eines Geisteskranken: *RGZ* 144, 173 (19.3.1934).

[10] Außerdem: *WürttObTrib* WürttMSchr 1, 237 (17.3.1834): Heranziehung einer Gemeinde zum Steuerausgleich nach falschem Umlagenschlüssel, Erstattung und Verzinsung durch die wirklich verpflichtete Gemeinde an die irrtümlich zahlende. — *RGZ* 25, 271 (19.12.1889): Anlage eines Deichkatasters. — *RGZ* 108, 391 (12.9.1924): Einziehung von Kammerbeiträgen. — *BVerwG* DÖV 1973, 490 (10.11.1972), Vorinstanz *BayVGH* BayVBl 1971, 231 (29.10.1970): Bund ./. Land wegen der Kosten des Katastrophenschutzes.

[11] *H. H. Klein* DVBl 1968, 165, 167; *Hoepffner*, Diss. 1972, 20 ff., 76 ff.

Wenn sie den Zweck des Rechtsinstituts in der Regelung von Hilfeleistungen erblickt, so könnte man diese im Verhältnis von Behörden vielleicht darin sehen, daß die eine Behörde spontan dringliche Aufgaben erfüllt, an deren Wahrnehmung die andere verhindert ist.

Überprüfen wir die veröffentlichte Judikatur der letzten eineinhalb Jahrhunderte auf den tatsächlichen Anlaß des Rechtsstreits, so bestätigt sich diese Erwartung nicht. Unter den Urteilen, deren Abdruck überhaupt insoweit Auskunft auf die Vorgeschichte des Prozesses gibt, finden sich gerade zwei halbwegs einschlägige Fälle. Einmal war eine Stadtgemeinde mit der Zahlung eines Ruhegehalts eingesprungen, weil der eigentlich verpflichteten Landesschulkasse infolge der Inflation die Mittel ausgegangen waren[12]. Einem Urteil aus neuerer Zeit, das freilich die Geschäftsführung ohne Auftrag nur beiläufig erwähnt, liegt der spontane Einsatz der Bundeswehr bei einem Lawinenunglück zugrunde[13]. Aus allen übrigen Veröffentlichungen ist eine Verhinderung der zuständigen Behörde nicht ersichtlich. Wo eine Behörde aus eigener Initiative sofort eingriff, etwa bei der Einweisung von gefährlichen Kranken, war es die dazu befugte Polizei[14]. In anderen Fällen, in denen keine Kontaktaufnahme mit der zuständigen Behörde erfolgte, wurde aufgrund gerichtlicher oder aufsichtsbehördlicher Anordnung gehandelt[15].

b) Der negative Kompetenzkonflikt

Der weitaus häufigste Grund dafür, daß sich eine Behörde auf negotiorum gestio beruft, liegt vielmehr in einem negativen Kompetenzkonflikt. Dem auftraglosen Eingreifen der unzuständigen Behörde ging ein Streit um die Kostentragungspflicht voraus. Die klagende Behörde handelte erst, als kein Einvernehmen darüber zu erzielen war, wobei sie sich den Rückgriff gegen die andere Behörde vorbehielt[16]. Bisweilen einigte man sich in Eilfällen nur darüber, den Streit um die Kosten später auszutragen[17]. Nach ihrem rechtstatsächlichen Erschei-

---

[12] *RGZ* 113, 178.

[13] *BVerwG* DÖV 1973, 490, 491. Der Streit betraf die Zugehörigkeit des Ausgleichsanspruchs zum Bundes- oder Landesrecht.

[14] Oben Fußn. 9.

[15] *OAG Cassel* (1866 Fußn. 1): Brückenbau durch Stadt auf staatl. Anordnung. — *RGZ* 75, 276 (30. 1. 1911): Unterbringung nach vormundschaftsgerichtlicher Anordnung der Fürsorgeerziehung. — Ähnl. *BVerwG* DVBl 1956, 375: Gehaltszahlung an von der Besatzungsmacht eingesetzten Landrat.

[16] *AppG Dresden* (1844 Fußn. 1); *Bad. Oberhofgericht* (1856 Fußn. 4); *PrObTrib* 36, 312 (13. 7. 1857); *OAG Cassel* (1866 Fußn. 1); *OLG Karlsruhe* (1886 Fußn. 5); *RGZ* 27, 331; *RGZ* 75, 276; *RGZ* 77, 193; *RGZ* 108, 391; *BSG* 6, 197; *LG Würzburg* VkBl 1959, 552; *BSG* 15, 89; *BayVGH* VerwRspr 21, 397; OVG Münster NJW 1976, 1956.

[17] *RGZ* 77, 193, 197.

nungsbild in der Gerichtspraxis betrachtet, bildet die Geschäftsführung ohne Auftrag zwischen Behörden demnach ein Institut zur Regelung des negativen Kompetenzkonflikts.

Dem Streit der Behörden liegt regelmäßig eine verständliche Unsicherheit über die Kostentragungspflicht zugrunde. Der im Schrifttum erörterte voreilige Übergriff einer Behörde in fremde Kompetenzen[18] taucht in der Judikatur zur Geschäftsführung ohne Auftrag nicht auf. Der Kompetenzkonflikt hat bisweilen tatsächliche Gründe, wenn etwa der Wohnsitz eines Sozialversicherten, der die örtliche Zuständigkeit der Krankenkasse bestimmt, nicht feststeht[19]. Die Urteilsveröffentlichungen betreffen aber meist Situationen, in denen die gesetzliche Zuständigkeitsregelung unklar oder widersprüchlich ist. Das ist insbesondere dann der Fall, wenn der Erfolg einer behördlichen Maßnahme die Zwecke mehrerer Verwaltungszweige zugleich erfüllt. So dient z. B. die Instandsetzung der Ufermauer der Unterhaltung sowohl des Gewässers wie der daran entlangführenden Straße[20]. Die Zwangseinweisung eines Geisteskranken beseitigt eine Gefahr für die öffentliche Sicherheit und dessen individuelle Hilfsbedürftigkeit und dient außerdem der Heilung der Krankheit, so daß sie Aufgabe der Polizei, der Sozialhilfe oder der Sozialversicherung sein kann[21]. Wenn die endgültige Kostentragungspflicht und der Regreß in solchen Fällen nicht spezialgesetzlich geregelt sind, wird die Geschäftsführung ohne Auftrag als allgemeine Ausgleichsnorm geltend gemacht[22]. Dieses privatrechtliche Institut füllt also Lücken im öffentlichen Recht, was auch seinen uneinheitlichen Anwendungsbereich erklärt. Wo spezielle Rückgriffsregelungen vorhanden sind, scheidet seine Anwendung von vornherein aus[23].

3. Das Ausgleichsproblem

Das von den Gerichten hier zu lösende sachliche Ausgleichsproblem besteht zunächst darin, den endgültigen Kostenträger zu bestimmen. Die dabei implizierte Frage, ob überhaupt ein Ausgleich durch die zuständige Behörde erfolgen soll, ist heute nur noch akademischer Natur.

---

[18] *H. H. Klein* DVBl 1968, 165, 169.

[19] *BSG* 20, 143.

[20] *OVG Münster* NJW 1976, 1956.

[21] *RGZ* 144, 173.

[22] Dies zeigt vor allem das Sozialversicherungsrecht. Es regelt einen Teil der zwischen den verschiedenen Leistungsträgern denkbaren Rückgriffsfälle u. a. in den §§ 1501 ff. RVO (Überblick bei *von Maydell* ZfS 1973, 265). Die restlichen müssen mit Hilfe der GoA gelöst werden (oben Fußn. 8).

[23] So für den Erstattungsanspruch im Verh. zur Überleitung eines Gehaltsanspruchs nach § 90 Abs. 1 BSGH: *LSG Niedersachsen* Breithaupt 75, 829, 830 (12. 3. 1975).

Zweifelhaft ist allein, ob die bloße fremde Zuständigkeit für die Kostenüberwälzung genügt oder ob der in der Tätigkeit der unzuständigen Behörde liegende Kompetenzverstoß durch besondere Dringlichkeit der Maßnahme gerechtfertigt werden muß. Schließlich muß der Streit entweder dem ordentlichen oder dem Verwaltungsrechtsweg zugewiesen werden.

II. Sachfragen des Rückgriffs

1. Der Kostenträger

Die Bestimmung des Kostenträgers muß aufgrund des speziellen Gesetzes erfolgen, welches die Zuständigkeit zur Erledigung der umstrittenen Verwaltungsmaßnahme regelt. Dafür sind aus der Judikatur naturgemäß keine allgemeinen Regeln zu gewinnen. Es lassen sich nur formal einige Fälle des Kompetenzkonflikts angeben.

a) Alternativ ausschließliche Zuständigkeit

Im einfachsten Fall liegt die Zuständigkeit zur Vornahme einer Verwaltungshandlung und zur Kostentragungspflicht alternativ ausschließlich entweder bei der einen oder der anderen Behörde. So ist etwa das Krankengeld nur von der einen jeweils örtlich zuständigen Krankenkasse zu zahlen[24]. Ist streitig, ob die Krankheit eines Sozialversicherten eine Berufskrankheit ist, besteht die sachliche Zuständigkeit entweder der Krankenkasse oder der Berufsgenossenschaft[25].

b) Subsidiäre Zuständigkeit

Ferner kann eine subsidiäre Zuständigkeit der handelnden Behörde bestehen. Die vorläufige Unterstützungspflicht der Gemeinde, in der sich der Unterstützungsbedürftige gerade aufhält, im Verhältnis zur Gemeinde des Unterstützungswohnsitzes bietet dafür ein recht altes Beispiel von Behörden verschiedener örtlicher Zuständigkeit[26]. Für die

---

[24] *BSG* 15, 56; *BSG* 20, 143. Allgemein zu dieser Voraussetzung beim „Abwälzungsanspruch“: *BVerwG* 32, 279, 282 (2. 7. 1969).

[25] *BSG* 15, 89: Streit um das Zustandekommen eines Arbeitsverhältnisses.

[26] Das Problem der zuwandernden Armen wurde in Preußen nach ALR II 19 §§ 23 ff. nur durch die Pflicht zur Abschiebung an die unterstützungspflichtige Einrichtung geregelt. Die vorläufige Unterstützungspflicht des Aufenthaltsortes verbunden mit einem Erstattungsanspruch gegen die endgültig zuständige Gemeinde wurde erst durch das Gesetz über die Verpflichtung zur Armenpflege v. 31. 12. 1842 (GS 1843, 8) eingeführt (§§ 25, 26, 29). Dieses Prinzip wurde von der Armengesetzgebung des Norddeutschen Bundes übernommen (§ 7 Abs. 2 d. Ges. üb. d. Freizügigkeit v. 1. 11. 1867, BGBl 55),

unterschiedliche sachliche Zuständigkeit ist die vorläufige Übernahme von Krankheitskosten eines Sozialversicherten durch den Träger der Sozialhilfe zu nennen[27]. Die Pflicht zum tatsächlichen Handeln und zur vorläufigen Kostentragung obliegt der einen Behörde, während die Zuständigkeit der anderen sich dann in der endgültigen Kostentragung erschöpft.

Ein ähnliches Verhältnis besteht im Verhältnis einer funktionell unzuständigen Behörde zur zuständigen, wenn etwa die Aufsichtsbehörde eine Maßnahme anstelle der Gemeinde trifft[28]. Dieser Fall des Selbsteintritts ist dem der polizeilichen Ersatzvornahme verwandt[29].

c) Gemeinsame Zuständigkeit

Schließlich kann eine Verwaltungsmaßnahme die Aufgaben *mehrerer Behörden* in gleicher Weise erfüllen, so daß die Kosten zu teilen sind. Dies ergab sich im Verhältnis von verschiedenen örtlich zuständigen Polizeiträgern, als in derselben Seuchenbekämpfungsstation Personen aus verschiedenen Bezirken behandelt wurden[30]. Ebenso wurden die Reparaturkosten einer Ufermauer zwischen den Trägern der Unterhaltungslast des Wasserlaufs und der Straße geteilt[31].

2. Die Grundsatzfrage

a) Entstehungs- oder Ausgleichsprinzip

Die prinzipielle Frage, ob *überhaupt ein Rückgriff* stattfindet, wenn fremde Verwaltungsaufgaben erfüllt werden, war den Gerichten ausweislich unseres Urteilsmaterials nie problematisch. Die Ansicht, grund-

---

sodann von der Reichsgesetzgebung (Ges. üb. d. Unterstützungswohnsitz v. 6. 7. 1870, RGBl 360, §§ 28 ff.; FürsorgepflichtVO v. 18. 2. 1924, RGBl I 100, §§ 7 ff., § 14). Nach § 97 BSHG ist der Sozialhilfeträger des tatsächlichen Aufenthaltsortes zuständig, so daß für eine Erstattung nur die Sonderfälle der §§ 103 - 106 BSHG verbleiben.

27 Schon die ersten Sozialversicherungsgesetze regelten das Problem. § 57 des Krankenversicherungsgesetzes v. 15. 6. 1883 (RGBl 73) ließ die Unterstützungspflicht der Armenverbände „unberührt", gewährte aber den Rückgriff gegen die Krankenkasse mittels Legalzession. Ebenso für das Verhältnis zu den Berufsgenossenschaften: § 8 UnfallversicherungsG v. 6. 7. 1884, RGBl 69. — Jetzt §§ 1531 - 1539 RVO.

28 Siehe *AppG Dresden* (1844 Fußn. 1): Staat ./. Stadt Dresden. w. Nachw. unten § 5 Fußn. 70.

29 Vgl. *Wolff / Bachof*, VerwR II (4. Aufl. 1976) § 72 IV b 4. Näheres unten § 5 IV.

30 *RGZ* 77, 193, 201 sowie *RG* JW 1911, 992, 993: Pockenschutzimpfung. Ferner *RG* JW 1910, 186: Teilung der Kosten eines Rettungstransportdienstes zwischen Stadt und Staat nach der Zahl der Beförderungsfälle.

31 *OVG Münster* NJW 1976, 1956.

sätzlich gelte das „Entstehungsprinzip“, wonach die Kosten endgültig von derjenigen Behörde zu tragen sind, bei der sie angefallen sind[32], geht an der kontinuierlichen Judikatur von über hundert Jahren vorbei. Das Ausgleichsprinzip bildet die Regel des allgemeinen Verwaltungsschuldrechts, jenes die gesetzlich zu normierende Ausnahme[33]. Der Kompetenzverstoß der handelnden Behörde hindert mithin die Kostenüberwälzung auf die wirklich zuständige nicht.

Das Entstehungsprinzip wäre auch sachlich dem Funktionieren der Verwaltung abträglich. Wenn Behörden immer erst Klarheit über die Kostenfrage gewinnen müßten, ehe sie tätig werden, ginge das stets zu Lasten des Bürgers oder der Allgemeinheit[34]. Gewiß verlangt ein geordnetes öffentliches Finanzwesen die Einhaltung der Zuständigkeitsordnung hinsichtlich der mit der Verwaltung verbundenen Kostenlast. Behörden dürfen nicht die ihnen obliegenden Lasten auf andere abschieben. Sie dürfen sich andererseits untereinander keine Geschenke machen, indem sie sich die Erfüllung von Aufgaben abnehmen. Dem Interesse des einzelnen Leistungsempfängers oder der Allgemeinheit daran, daß die Verwaltungsaufgaben überhaupt wahrgenommen werden, ist jedoch durch die Anerkennung zwischenbehördlicher Ausgleichsansprüche der Vorrang vor dem Interesse an der Wahrung der Kompetenzordnung eingeräumt worden. Für den Bereich des Sozialleistungsrechts, das seit jeher Anlaß für den unerfreulichen Streit zwischen Behörden gegeben hat[35], ist dieser Grundsatz nunmehr durch die Regelung des negativen Kompetenzkonflikts in § 43 SGB I gesetzlich fixiert. Der zuerst vom Anspruchsberechtigten angegangene Leistungsträger hat den Anspruch vorläufig zu erfüllen und muß den Streit um die Zuständigkeit im Rahmen des zwischenbehördlichen Erstattungsanspruchs nach § 43 Abs. 3 SGB I austragen[36].

---

[32] *Rietdorf* DÖV 1966, 253, 255. Ebenso im Erg. *Drews / Wacke / Vogel*, Gefahrenabwehrrecht (8. Aufl. 1975) 477: Keine Erstattung außer auf gesetzl. Grundlage.

[33] Der Rückgriff wird im Interesse der Verwaltungsvereinfachung mitunter erst bei Überschreitung gewisser Mindestbeträge gewährt, z. B. § 7 FreizügigkeitsG v. 1867 (Fußn. 27): Zwischenstaatl. Erstattung von Armenpflegekosten bei über 3monatiger Unterstützung; § 16 Abs. 3 FürsorgePflVO: über 10 RM; § 111 Abs. 2 BSHG: Über 400 DM.

[34] Ebenso *BSG* 16, 151, 156 (30. 1. 1962); *H. H. Klein* DVBl 1968, 165, 168.

[35] Hier bestand seit jeher das Bestreben der Gemeinden, Unterstützungsbedürftige abzuschieben. Ein krasser Fall in *OLG Frankfurt* OLGRspr 28, 205 (13. 10. 1913): Die bekl. Gemeinde brachte ein epileptisches bedürftiges Kind nicht in einer Anstalt unter, obwohl dies ärztlich dringend geboten war. Sie stritt mit einem anderen Armenverband um die Zuständigkeit. Schließlich veranlaßte der kl. Kinderschutzverein die Unterbringung. Er erhielt von der Gemeinde Kostenersatz aus GoA.

[36] Für das allg. Verwaltungsrecht fehlt eine Regelung. § 3 Abs. 3 u. 4 VwVfG löst nur den Streit um die örtl. Zuständigkeit, ohne eine vorläufige Zuständigkeit anzuordnen. Hier bleibt ein Bedürfnis für einen allg. Rückgriffsanspruch.

b) *Der Abwicklungsweg*

Die unrechtmäßige Vermögenslage, welche durch den Kostenaufwand der unzuständigen Behörde eingetreten ist, könnte zwar oft auf einem anderen Abwicklungsweg ausgeglichen werden[37]. Statt des Direktrückgriffs zwischen den Behörden wäre es bei Leistungen an eine Einzelperson denkbar, diese vom Empfänger zurückzufordern und ihn auf seinen Anspruch gegen die zuständige Behörde zu verweisen[38]. Bei Leistungen, die unmittelbar der Allgemeinheit zugutekommen, wie etwa bei Straßen- und Brückenbauten, scheidet dieser Abwicklungsweg schon faktisch aus. Im übrigen ist der Rückgriff über den Empfänger gewohnheitsrechtlich durch den Direktrückgriff in Gestalt der zwischenbehördlichen negotiorum gestio verdrängt.

Das Sozialleistungsrecht hat das Prinzip des Direktrückgriffs nunmehr in § 43 Abs. 3 SGB I generell gesetzlich festgelegt, ohne daß es auf den Grund der Unzuständigkeit der vorleistenden Behörde ankäme. Im allgemeinen Verwaltungsrecht schließt das Verwaltungsverfahrensgesetz den Rückgriff über den Empfänger für die meisten Fälle aus. Die Verletzung der örtlichen Zuständigkeit macht nämlich den der Leistung zugrundeliegenden Verwaltungsakt regelmäßig nicht aufhebbar, wenn in der Sache die gleiche Entscheidung hätte ergehen müssen[39]. Im übrigen unterliegt der durch eine unzuständige Behörde erlassene Leistungsbescheid den Rücknahmebeschränkungen des § 48 II VwVfG. Er ist also nicht aufhebbar, wenn der Empfänger auf seinen Bestand vertrauen durfte. Abgesehen von dem Fall der erschlichenen oder sonst auf unlautere Weise erlangten Zuständigkeit dürfte dies regelmäßig zutreffen, wenn der Anspruch des Empfängers auf die Leistung bestand. Ein überwiegendes öffentliches Interesse an der Rücknahme (§ 48 Abs. 2 S. 1 VwVfG) ist nicht anzuerkennen, weil die unzuständige Behörde Rückgriff gegen die zuständige nehmen kann. Dieser zwischenbehördliche Ausgleichsanspruch, der zu einer vollständigen Regelung des Problems gehört hätte, fehlt zwar im Verwaltungsverfahrensgesetz, während § 43 III SGB I positiv darauf Bezug nimmt. Im ganzen bestätigen diese Vorschriften jedenfalls die dem Direktrückgriff zugrundeliegende rechtspolitische Wertung, daß das materielle Interesse des Bürgers oder der Allgemeinheit an der Erfüllung der Verwaltungsaufgaben überhaupt dem verfahrensmäßig-organisatorischen Interesse an der Beachtung der Kompetenzordnung vorgeht.

---

[37] Dazu *Wollschläger*, GoA 66 f., 123 ff., 159 ff. m. w. Nachw.

[38] Vgl. *BVerwG* 32, 279, 282.

[39] VwVfG § 46 i. V. m. § 44 Abs. 3 S. 3, § 3 Abs. 1 Nr. 1.

3. Einzelne Voraussetzungen des Rückgriffs

a) Zuständigkeit

Im einzelnen setzt der Rückgriff wegen der Erfüllung fremder Verwaltungsaufgaben die abstrakte Zuständigkeit der beklagten Behörde voraus. Wo sie fehlte, hatten die Klagen aus Geschäftsführung ohne Auftrag keinen Erfolg, weil kein fremdes Geschäft geführt worden war[40].

b) Konkrete Verpflichtung im Einzelfall

Außerdem muß die konkrete Verpflichtung der beklagten Behörde zur Erfüllung der Verwaltungsaufgabe bestanden haben. Sie wurde in allen der Klage stattgebenden Urteilen bejaht[41]. Diese Voraussetzung ist einmal deshalb nicht ganz selbstverständlich, weil beim Fehlen einer Verpflichtung ein anderer *Abwicklungsweg* denkbar wäre. Die handelnde unzuständige Behörde könnte nämlich ihre Aufwendungen von der zuständigen ersetzt bekommen, worauf letztere die zu Unrecht gewährte Leistung vom Empfänger mittels Erstattungsanspruchs zurückfordert. Diese Lösung ist in § 43 Abs. 2 S. 2 SGB I für den Fall vorgesehen, daß der vorleistende Sozialleistungsträger höhere Leistungen erbringt, als sie tatsächlich vom Empfänger beansprucht werden können[42]. Die zuständige Behörde, welcher der Erstattungsanspruch gegen den Empfänger allein zusteht, trägt dabei das Risiko, daß die Überzahlung aus rechtlichen oder faktischen Gründen (§ 42 III Ziff. 2, 3 SGB I) nicht wieder erstattet wird.

Diese Regelung ist indessen *nicht* als allgemeines Prinzip auf andere Tatbestände auszudehnen. Denn die unzuständige Behörde darf die Folgen ihrer Fehlentscheidung bei der Prüfung des Anspruchs nicht auf die zuständige abwälzen. Tatsächlich verlangt auch § 43 Abs. 1 SGB I,

---

[40] Klagabweisend deshalb: *AppG Dresden* Wochenbl 1844, 65, 70 f.: keine Baulast der bekl. Stadt hinsichtl. der vom Staat wiederaufgebauten Brücke. — *RGZ* 25, 271, 275: Anlage des Deichkatasters ist Aufgabe des Staats, nicht des bekl. Deichverbandes. — *RGZ* 64, 1, 2: Staat trägt Kosten der Korrektionsnachhaft. — *RGZ* 92, 197, 199: Zwangsheilung Geschlechtskranker ist Aufgabe der Polizei nicht der AOK (anders jetzt § 22 Nr. 1 GeschlKrG). — *OLG Rostock* MecklZ 47, 370: Bekl. Gemeinde nicht an Beschluß über Kirchenbauarbeiten gebunden. — *RGZ* 133, 244, 246: Fürsorgelast speziell geregelt. — *RGZ* 154, 219: Kl. für Lehrerbesoldung zuständig. — *BVerwG* 18, 221, 226: Unterbringung geisteskranker Strafgefangener obliegt der Fürsorge- nicht der Justizverwaltung. — *BGH* VkBl 1971, 609: Straßenbeleuchtung obliegt der kl. Gemeinde.

[41] Nach 1900: *OLG Hamburg* OLGRspr 18, 23; *OLG Hamburg* BreslauAK 1912, 37; *RGZ* 75, 276, 278 ff.; *RGZ* 77, 193, 198; *RG* JW 1911, 992, 993; *OLG Posen* PosMSchr 1913, 16; *RGZ* 102, 9, 11; *RGZ* 113, 178, 181 ff.; *RGZ* 144, 173, 175; *BSG* 6, 197, 201 ff.; *LG Würzburg* VkBl 1959, 552; *LG Aachen* VersR 1968, 657; *OVG Münster* NJW 1976, 1956.

[42] *Hauck / Haines* SGB I (1976) K § 43 Rz 9.

daß überhaupt ein Anspruch des Empfängers besteht. Nur unter dieser Voraussetzung sind die subsidiäre Zuständigkeit der zuerst angegangenen Behörde und der (Rückgriffs-)Erstattungsanspruch gegen den zuständigen Leistungsträger gegeben[43]. Ebenso sehen andere Rückgriffsvorschriften vor, daß eine konkrete Verpflichtung der zur Leistung verpflichteten Behörde bestand[44]. Nach bürgerlichem Recht kann ein Dritter, der ohne Auftrag auf eine nicht bestehende fremde Schuld zahlt, ebenfalls keinen Ersatz vom Pseudo-Schuldner verlangen[45].

c) Erlöschen der Verpflichtung

Weitere Voraussetzung des zwischenbehördlichen Ausgleichs ist schließlich das Erlöschen der Verpflichtung der zuständigen Behörde infolge der Tätigkeit der unzuständigen. Dies wird in der Judikatur zur Geschäftsführung ohne Auftrag nicht besonders erwähnt, ist aber aus den Prinzipien des Regresses im bürgerlichen Recht zu übertragen[46]. Erst die Ersparnis eigener Aufwendungen der zuständigen Behörde bildet nämlich diejenige unrechtmäßige Vermögenslage, welche im Rückgriff auszugleichen ist. Das ist nicht weiter problematisch, wenn die Verwaltungsaufgabe darin besteht, einen bestimmten einzelnen Erfolg wie die Beseitigung einer Gefahr oder den Bau einer Brücke herbeizuführen. Zweifelsfälle ergeben sich im Sozialleistungsrecht, weil dort insbesondere die Zahlung von Geld indifferent in bezug auf dessen Verwendung sein kann. Der Ausgleich setzt hier die Feststellung voraus, daß der Empfänger die Leistung der einen Behörde nach dem Zweck des ihr zugrundeliegenden Gesetzes nicht kumulativ zu der der anderen Behörde erhalten soll. Die Leistung, deren Erstattung verlangt wird, muß also auf den Anspruch des Empfängers anrechenbar sein, weil sie den gleichen gesetzlichen Zweck verfolgt[47]. So beruht etwa der Regreß aus § 1531 RVO darauf, daß die Sozialhilfe zum allgemeinen Lebensunterhalt dem gleichen Ziel dient wie eine Alters- oder Invalidenrente, die das frühere Arbeitseinkommen fortsetzt.

---

43 Ebenso im Erg. *Hauck / Haines* ebd. mit der unzutr. Begr., es fehle überhaupt eine Zuständigkeit des anderen Leistungsträgers. Auch *von Maydell* ZfS 1973, 266 f. vermengt abstrakte Zuständigkeit und konkrete Pflicht des Leistungsträgers.

44 § 1531 RVO: Unterstützung durch Sozialhilfeträger für die Zeit, während der der Empfänger „einen Anspruch nach diesem Gesetz hatte oder noch hat"; ferner die bei *von Maydell* ZfS 1973, 266, 267 f. genannten Vorschriften. — § 111 Abs. 1 S. 1 BSHG: Erstattung, „soweit die Hilfe dem Gesetz entsprach".

45 Das Interesse des Geschäftsherrn i. S. d. § 683 BGB ist nicht gewahrt. Anders bei Auftrag, *Wollschläger*, GoA 92.

46 Vgl. *Palandt / Heinrichs*, BGB, Vorbem. 7 c vor § 249; *Wallerrath* DÖV 1972, 225; *Wollschläger*, GoA 123 ff.

47 Vgl. *BVerwG* ZfS 1967, 49 (21. 9. 1966); *BVerwG* 26, 221 (22. 2. 1967).

d) *Ermessensmaßnahmen*

Ob Aufwendungen, die im Ermessen der zuständigen Behörde stehen, zu erstatten sind, erscheint zweifelhaft. Die Frage stellt sich vor allem für Bauten an Verkehrsanlagen, weil insoweit regelmäßig keine privaten Ansprüche bestehen und die Behörde gerade im Hinblick auf ihre Haushaltslage frei ist, ob und wann sie Investitionen vornehmen will[48]. Die Gerichte haben in solchen Fällen Ersatzansprüche nur unter den Voraussetzungen des § 679 BGB gewährt, d. h. wenn eine Pflicht zur Abwehr unmittelbar drohender Gefahren bestand und diese ohne Eingreifen der unzuständigen Behörde „nicht rechtzeitig" erfüllt worden wäre[49]. Die zuständige Behörde hätte also keine andere Wahl gehabt; ihr Ermessen war auf null geschrumpft[50]. Wo wirklich eine Ermessensfreiheit besteht, ist jeder Ausgleich an die unzuständige Behörde abzulehnen[51]. Der behördliche Entscheidungsspielraum kann rechtmäßig allein durch die für die Entscheidung zuständige Behörde konkretisiert werden. Für die Aufwendungen von Kosten kann insoweit nichts anderes gelten als für den Erlaß von Verwaltungsakten[52]. Ermessensentscheidungen in der Verwaltung sind zivilrechtlich gesehen „höchstpersönlich" und nicht mit Hilfe von § 683 BGB ersetzbar.

Selbst ein Ausgleich für eine eventuelle *Ersparnis* der zuständigen Behörde ist entgegen einigen gerichtlichen Ansätzen zu verneinen[53]. Werden z. B. Beleuchtungsanlagen an einer Straße durch eine unzuständige Behörde angebracht, ohne daß dies von der Unterhaltungslast oder der Verkehrssicherungspflicht gefordert wird[54], könnte die zuständige Behöre einen Vorteil davon haben, wenn sie vorgehabt hätte, diese Maßnahme bei günstiger Haushaltslage selbst auszuführen, um den

---

48 In der Terminologie des BGB wäre von „Verwendungen" auf öffentliche Sachen zu sprechen.

49 *RG* JW 1923, 78: Streuen auf Straßen; *LG Würzburg* VkBl 1959, 552: Aufrechterhaltung der städt. Wasserversorgung; *OVG Münster* OVGE 18, 384; *OVG Münster* NJW 1976, 1956: Straßen- und Wasserbauten. — Vgl. ferner die früher der Ermessensverwaltung zugeordnete polizeiliche Gefahrenabwehr, insb. Seuchenbekämpfung und Zwangsheilung Geschlechtskranker (Fußn. 9).

50 Dazu allg. *Wolff / Bachof*, VerwR I § 31 II e 2.

51 Gl. A. *Hauck / Haines* SGB I K 43 Rz 10.

52 Bei Ermessensentscheidungen ist im Zweifel jeder Verfahrensfehler für die Fehlerhaftigkeit des Verwaltungsakts relevant; *BVerwG* 26, 145, 148 (8. 2. 1967); *Wolff / Bachof*, VerwR I § 51 III 5; *Badura* in: Erichsen / Martens, Allg. Verwaltungsrecht 280. Für Zuständigkeitsfehler dürfte dies ohne Ausnahme gelten.

53 Bei eigenmächtigen Straßenbaumaßnahmen durch Privatpersonen wurde eine Ersparnisbereicherung geprüft und verneint von den unten § 3 Fußn. 33 angeführten Urteilen.

54 *OLG München* NJW 1968, 604; *BayVGH* VerwRspr 21, 397 lehnen den Ausgleich zutr. ab.

Verkehrsfluß zu verbessern. Ob für eine derartige aufgedrängte Bereicherung nach bürgerlichem Recht Ersatz zu leisten ist, mag zweifelhaft sein. Er wäre dort allenfalls aus dem Grund und in dem Umfang zu gewähren, daß der Empfänger einen wirklichen Nutzen davon hat — etwa in Gestalt einer Wertsteigerung seiner Sache[55]. Dieser Gesichtspunkt scheidet im Verwaltungsrecht aus, weil realer Nutznießer der öffentlichen Sache nicht die Verwaltung selbst, sondern die (private) Allgemeinheit ist. Hier geht es allein darum, ob die Kosten dieses Nutzens aus der einen oder der anderen öffentlichen Kasse zu tragen sind, mithin aus der einen oder der anderen Quelle der Haushaltsmittel aufzubringen sind. Wo es nun nicht wie bei pflichtgebundener Verwaltung feststeht, daß bestimmte Verwaltungsmaßnahmen ohne Rücksicht auf das Vorhandensein von Finanzmitteln vorzunehmen sind, müssen die finanziellen Folgen des Kompetenzverstoßes zu Lasten der unzuständigen Behörde gehen. Wenn Ermessensaufgaben durch unzuständige Behörden wahrgenommen werden, gebührt dem organisationsrechtlich-verfahrensmäßigen Interesse an der Einhaltung der Kompetenzordnung der Vorrang. Das Interesse der Allgemeinheit oder des einzelnen an dem konkreten Nutzen der Verwaltungstätigkeit hat hier noch nicht die Intensität einer entsprechenden behördlichen Verpflichtung erreicht und muß daher zurücktreten.

e) Umfang des Ausgleichs

Der Umfang des zwischenbehördlichen Ausgleichs richtet sich im Grundsatz nach dem Maß der Verpflichtung der zuständigen Behörde. Nach dem allgemeinen Prinzip, daß der Rückgriff die Stellung des Schuldners nicht verschlechtern darf[56], kann die zuständige Behörde gegenüber der unzuständigen Behörde nicht zu höheren Leistungen als gegenüber dem Anspruchsberechtigten selbst verpflichtet sein. Wenn gesetzliche Regelungen insoweit auf den für die unzuständige Behörde geltenden Leistungsumfang abstellen, hat das jeweils spezifische Gründe[57], es ist aber nicht als allgemeine Regel des Rückgriffs zwischen Behörden anzuerkennen.

Gleiches gilt in zeitlicher Hinsicht. Werden Leistungen erbracht, die noch nicht *fällig* sind, kann auch der Ausgleichsanspruch gegen die zuständige Behörde nicht früher fällig sein. Wird z. B. die Fahrbahndecke

---

[55] Vgl. *Larenz*, Schuldrecht II (10. Aufl. 1972) § 70 I; *Esser*, Schuldrecht II (4. Aufl. 1971) § 104 I 4.

[56] Dazu *Wollschläger*, GoA 321 f.

[57] So stellt die Erstattung von Sozialhilfeleistungen auf die für den vorleistenden Träger geltenden Sätze ab, weil das Bedürfnis des Empfängers in dessen Bezirk bestand und nach den dortigen Lebenshaltungskosten befriedigt werden mußte. UnterstützungswohnsitzG 1870 § 30 Abs. 2; Fürsorge-PflVO § 16; BSHG § 111 Abs. 1 S. 2. Jetzt allg. in § 43 Abs. 3 SGB I.

einer Straße durch eine unzuständige Behörde erneuert, bevor dies sachlich geboten ist und damit Gegenstand der Unterhaltungspflicht wird, sind die Kosten erst zu dem Termin zu erstatten, an dem die Notwendigkeit eingetreten wäre.

Die Erstattung anteiliger allgemeiner *Verwaltungskosten*, welche im bürgerlichem Recht dem Tätigkeitsentgelt des auftraglosen Geschäftsführers entspricht, wurde vom Reichsgericht abgelehnt[58]. Sie ist auch gesetzlich mehrfach ausdrücklich ausgeschlossen[59]. Dies ist generell für den Rückgriff zwischen Behörden anzunehmen, weil die auftraglose Erfüllung fremder Verwaltungsaufgaben stets so selten sein wird, daß dieser Kostenfaktor zu vernachlässigen ist. Erstattungsfähig sind demnach nur *Mehr*ausgaben, die durch die Erfüllung fremder Verwaltungsaufgaben bedingt sind.

4. Rechtfertigung des Kompetenzverstoßes

Weil das Handeln der unzuständigen Behörde die gesetzliche Zuständigkeitsordnung verletzt, fragt es sich, ob der Ausgleich eine Rechtfertigung des Kompetenzverstoßes voraussetzt. Die Rechtsprechung zur Geschäftsführung ohne Auftrag gibt darauf keine Antwort. Alle unter dem BGB ergangenen Urteile, die einer Klage stattgaben, bejahten die Voraussetzungen des § 679 BGB[60]. Andererseits wurde keine Klage ohne Prüfung der materiellrechtlichen Verpflichtung der Behörde mit der Begründung abgewiesen, die ausführende Behörde habe sich grundlos fremde Kompetenzen angemaßt[61]. Im Schrifttum verlangt H. H. Klein, die Zuständigkeitsverletzung müsse nach § 679 BGB gerechtfertigt sein; voreilige Übergriffe seien nicht zu vergüten[62]. Dieser An-

---

58 *RG* JW 1910, 186: Erstattung nur für einzelne Transportfälle, nicht für Gemeinkosten der Einrichtung des Rettungsdienstes. Zur Tätigkeitsvergütung aus GoA allg. *Wollschläger*, GoA 311 ff. Unergiebig *Hoepffner*, Diss. 1972, 144 ff.

59 Für das Verhältnis Bund/Länder Art. 104 a Abs. 5 S. 1 GG. Ferner VwVfG § 8 Abs. 1 S. 2: bei Amtshilfe nur Auslagenersatz; im Sozialhilferecht pr. ArmenpflegeG 1842 § 29 (Fußn. 27); UnterstützungswohnsitzG 1870 § 30 Abs. 2; FürsorgePflVO § 16 Abs. 1 S. 2; BSHG § 111 Abs. 3.

60 Überall handelte es sich um Maßnahmen zur Abwehr unmittelbar drohender Gefahren: Seuchenbekämpfung, Unterbringung gefährlicher Kranker, Rettungstransporte (Fußn. 9); Streuen auf Straßen, dringende Baumaßnahmen (*RG*, *OVG Münster*, *BGH* in Fußn. 9); Aufrechterhaltung der öff. Wasserversorgung (Fußn. 2); Krankenpflege (Fußn. 7, 8).

61 Vgl. die Rspr. in Fußn. 40. Einzig *BayVGH* VerwRspr 21, 397, 402 verneint einen Bereicherungsanspruch mit der Begr., die Gemeinde habe durch eigenmächtiges Aufstellen der Beleuchtungsanlage Zuständigkeitsnormen umgangen. Richtig war die Klage mangels einer Pflicht der bekl. Behörde abzuweisen.

62 *H. H. Klein* DVBl 1968, 165, 168 f. Gegen Ersatz bei „ungerechtfertigter GoA" (i. S. d. unzutr. h. M.) auch *Hoepffner*, Diss. 1972, 149 f.

sicht liegt das Mißverständnis der h. L. zugrunde, die Vorschrift enthalte einen Rechtfertigungsgrund[63]. Tatsächlich modifiziert sie nur die Schadensersatz- und Aufwendungsersatzansprüche aus §§ 678, 683 BGB. Überhaupt war es niemals Gegenstand des BGB, behördliche Kompetenzen zu regeln; selbst weitherzigste Analogie erlaubt das nicht. Die Befugnis einer Behörde, in Not- und Eilfällen in fremde Zuständigkeiten überzugreifen, ergibt sich vielmehr aus einzelnen Gesetzen, jetzt insbesondere aus § 4 Abs. 4 VwVfG[64]. Daraus kann das Prinzip einer Notkompetenz bei Gefahr im Verzug erforderlichenfalls verallgemeinert werden.

Otto Mayer wollte einen Erstattungsanspruch nur gewähren, wenn die leistende Behörde sich über ihre Zuständigkeit irrte; andernfalls sei deren Tätigkeit überhaupt nicht mehr öffentliche Verwaltung[65]. Dieses Argument geht mit der ihm zugrundeliegenden ultra-vires-Lehre fehl, weil nach heutiger Auffassung schon der äußere Anschein genügt, um das Verwaltungshandeln vom Nichtakt des Privatmanns abzuheben[66]. Außerdem kann die objektive Zuordnung sinnvollerweise nicht von der Entschuldbarkeit des Fehlers abhängen. Das hindert dennoch nicht, als eigenständige Sanktion auf den Kompetenzverstoß festzusetzen, daß der Rückgriff verfällt. Dies geschieht z. B. in der auf das Reichsversicherungsamt zurückreichenden Rechtsprechung zu § 1531 RVO, derzufolge der Sozialhilfeträger keinen Ausgleich erhält, wenn er schuldhaft keine Kenntnis davon nimmt, daß der primär verpflichtete Träger der Sozialversicherung zur Leistung bereit ist[67].

Richtig gesehen, braucht das Eingreifen der unzuständigen Behörde weder gerechtfertigt noch entschuldigt zu werden, damit ein Rückgriff stattfindet. Die Tatsache, daß die zuständige Behörde die ihr obliegende Verpflichtung nicht erfüllt hat, reicht als Grund der Erstattung aus. Der Rückgriffsanspruch dient dazu, die rechtmäßige Vermögenslage, wie sie durch die gesetzliche Ordnung der Ausgabenkompetenz und der

---

[63] *H. H. Klein* DVBl 1968, 165, 168 f.; *Hoepffner*, Diss. 1972, 133 ff. Dagegen ausf. *Wollschläger*, GoA 274 ff.

[64] Vgl. Musterentwurf eines einheitlichen Polizeigesetzes des Bundes und der Länder, Beschluß der Innenministerkonferenz v. 11. 6. 1976 (im folg. zit. „Musterentw. EPG"): § 1 a betr. das Verhältnis der Polizei zu anderen Behörden desselben Landes; § 52 betr. das Verh. zur Polizei anderer Länder.

[65] *O. Mayer*, Dt. Verwaltungsrecht II (3. Aufl. 1924) 292.

[66] *Wolff / Bachof*, VerwR I § 51 II; *Hoepffner*, Diss. 1972, 118 f.

[67] *BSG* 28, 199, 201 (27. 8. 1968); *LSG Niedersachsen* FEVS 21, 235 (3. 5. 1972); *Baath / Kneip / Langlotz*, Fürsorgepflicht (13. Aufl. 1942) 404, 406, 409 m. w. Nachw.; *Brackmann*, Hdb. d. Sozialversicherung III (Stand 1976) 970 d. Diese Rspr. stützt sich darauf, daß der Empfänger kein „Hilfsbedürftiger" i. S. d. § 1531 RVO sei, wenn der Sozialversicherungsträger leistungsbereit ist. Wegen dieser speziellen Voraussetzungen ist sie nicht zu verallgemeinern.

konkreten behördlichen Pflichten im Einzelfall vorgeschrieben ist, wiederherzustellen. Die behördliche Befugnis zum Handeln und Entscheiden ist davon ganz unabhängig zu sehen. Die Einmischung in fremde Zuständigkeiten mag insoweit dienstaufsichtliche und disziplinarische Folgen für den einzelnen Amtsträger haben oder aufsichtsbehördliche Maßnahmen nach sich ziehen. Es wäre aber eine ganz unangemessene Sanktion gegen voreilige Übergriffe, die unzuständige Behörde mit dem Verfall ihres Ausgleichsanspruchs zu bestrafen. Eine solche Buße fiele nämlich ganz willkürlich nach der Höhe der jeweils aufgewendeten Kosten aus, ohne Rücksicht auf die Gefahr künftiger Wiederholung zu nehmen. Sie widerspräche dem Prinzip der Verhältnismäßigkeit, weil die verwaltungsinternen Kontrollen ausreichen, um weiteren Kompetenzverstößen vorzubeugen.

5. Wirkungen im Außenverhältnis?

Im Schrifttum wird schließlich die Ansicht vertreten, die unzuständige Behörde sei unter den Voraussetzungen des § 679 BGB im Außenverhältnis zum Erlaß von Verwaltungsakten befugt[68]. Diese Ansicht geht schon deshalb fehl, weil das BGB in den §§ 677 ff. nur das Innenverhältnis auftragloser Geschäftsbesorgung geregelt hat. Die Vertretung ohne Vertretungsmacht und die Verfügung ohne Verfügungsmacht sind als Aspekte des Außenverhältnisses in den §§ 177, 185 BGB erfaßt. Die Zurechnung auf den Geschäftsherrn erfolgt insoweit erst, wenn er durch Genehmigung sein wirkliches Einverständnis mit der fremden Tätigkeit erklärt[69]. Ebenso sind im Verwaltungsrecht die Ausgabenkompetenz und die Zuständigkeit zum konkreten Verwaltungshandeln auseinanderzuhalten. Die subsidiäre behördliche Zuständigkeit bei Gefahr im Verzug ist, wie bereits gesagt, in besonderen öffentlich-rechtlichen Vorschriften geregelt und kann erforderlichenfalls in Analogie dazu bestimmt werden[70].

III. Die Fortgeltung der §§ 677 ff. BGB

1. Stand der Meinungen

a) Überblickt man den Stand der Meinungen zu der Frage, ob die Geschäftsführung ohne Auftrag auf den Ausgleich zwischen Behörden anwendbar ist, so fällt auf, wie wenig die herrschende bejahende An-

---

[68] *Hurst* DVBl 1965, 757, 760; *Hoepffner*, Diss. 1972, 133 ff.

[69] Vgl. *Wollschläger*, GoA 233 ff.

[70] Oben Fußn. 64. Gl. A. *Maurer* JuS 1970, 561, 565.

sicht in Rechtsprechung[71] und Schrifttum[72] um eine inhaltliche Begründung bemüht ist. Sie gründet sich wesentlich auf die Tradition der reichsgerichtlichen Rechtsprechung. Diese wurde von Jellinek, der die öffentlich-rechtliche Natur des Rückgriffs nicht verkannte, unter dem Gesichtspunkt akzeptiert, daß es sich um die zwischenbehördliche Abwicklung der öffentlich-rechtlichen Beziehungen der Verwaltung zu den Leistungsempfängern handelte[73]. In der Nachkriegszeit wurde zwar gegenüber der früheren Judikatur klargestellt, daß der Aufwendungsersatzanspruch dem öffentlichen Recht angehört. Doch wurden die §§ 683, 679 BGB als dessen materiellrechtliche Grundlage unkritisch beibehalten[74]. Erst in neuerer Zeit hat Hoepffner[75] in Auseinandersetzung mit den wenigen ablehnenden Stimmen[76] geltend gemacht, der Regelungszweck der Geschäftsführung ohne Auftrag, nämlich die Förderung von Hilfeleistung, treffe auch im öffentlichen Recht zu. Er sei u. a. in § 121 BSHG gesetzlich anerkannt, so daß auch die §§ 677 ff. BGB als allgemeiner Rechtsgrundsatz anwendbar seien. Diese Begründung geht von den unrichtigen tatsächlichen Voraussetzungen der h. L. im bürgerlichen Recht aus. Hält man sich an die Rechtstatsachen, wie sie aus der veröffentlichten Judikatur zugänglich sind, so betrifft die Praxis der zwischenbehördlichen Geschäftsführung ohne Auftrag typischerweise den Rückgriff beim negativen Kompetenzkonflikt[77]. Es geht hier wie im bürgerlichen Recht um nüchterne Fragen der richtigen Verteilung von Kosten auf den dafür zuständigen Träger, mitnichten um die Förderung sittlich anerkennenswerten Verhaltens.

b) Unter den *ablehnenden Ansichten* steht zuerst ein durch die spätere Judikatur überholtes Urteil aus der frühen Verwaltungsrechtsprechung der Nachkriegszeit[78]. Es wandte die Geschäftsführung ohne Auftrag

---

71 *BVerwG* DVBl 1956, 375; *BGHZ* 24, 302, 308 (17. 5. 1957); *BSG* 6, 197, 200; *BSG* 15, 56, 57; *OVG Münster* OVGE 18, 384, 385; *BVerwG* 18, 221, 222; *BayVGH* VerwRspr 21, 397; *OVG Münster* NJW 1976, 1956.

72 *Jellinek*, Verwaltungsrecht (3. Aufl. 1931) 52; *Fleiner*, Institutionen des Verwaltungsrechts (8. Aufl. 1928) 57; *Nebinger*, Verwaltungsrecht, Allg. Teil (1949) 58; *Tiedau* DÖV 1952, 164, 165; *Hamann* NJW 1955, 481, 482; *Rietdorf* DÖV 1966, 253, 254; *Schack* JZ 1966, 640, 641 f.; *Simons*, Leistungsstörungen verwaltungsrechtlicher Schuldverhältnisse (1967) 66 Fußn. 49; *Wolff / Bachof*, VerwR I § 44 I b 5; *Erichsen / Martens* in *dies.* Allg. Verwaltungsrecht 223; *Eyermann / Fröhler* VwGO (6. Aufl. 1974) § 40 Rn. 20; *Schunck / de Clerk*, VwGO (2. Aufl. 1967) § 40 Anm. 4 a aa.

73 Verwaltungsrecht 52.

74 Vgl. insb. die Leitentscheidung *BVerwG* DVBl 1956, 375 und die Aufsätze von *Tiedau*, *Hamann*, *Rietdorf* und *Schack* (Fußn. 72).

75 Diss. 1972, 76 ff., 79, ferner 31 ff., 36, 40.

76 Fußn. 78, 79.

77 Oben § 2 I 2 b. Allg. *Wollschläger*, GoA 16 f., 24 ff.

78 *OVG Münster* VerwRspr 7, 743, 746 (29. 1. 1954).

nicht an, weil keine Behörde ohne gesetzliche Ermächtigung Maßnahmen treffen könne, die nach zwingendem Recht der Zuständigkeit einer anderen Behörde zugewiesen seien. Damit wird generell die Vertretbarkeit behördlichen Handelns geleugnet. Dem steht das durch die reichsgerichtliche Rechtsprechung begründete und von der neueren Judikatur fortgesetzte Richterrecht entgegen. Dieses hat die an sich zwingende gesetzliche Kompetenzordnung seit jeher unter den Vorbehalt gestellt, daß deren Durchbrechung den Ausgleich unberührt läßt. Sieht man einmal von militärischen oder vollzugspolizeilichen Verwaltungszweigen ab, die im Interesse ihrer Einsatzbereitschaft auf die strikte Einhaltung ihrer Befehls- und Organisationsstruktur angewiesen sind, so ist auch sachlich nicht einzusehen, warum die Kompetenzordnung in der allgemeinen Verwaltung absolut zwingend sein sollte. Wenn eine Straße durch das falsche Straßenbauamt repariert wird oder der Empfänger von Sozialleistungen diese nicht aus der richtigen Kasse bekommt, ist das Funktionieren der jeweils zuständigen Behörde nicht beeinträchtigt. Die gesetzliche Zuständigkeitsregelung steht folglich einer Anwendung der §§ 683, 679 BGB nicht entgegen.

Im Anschluß an Otto Mayers grundsätzliche Ablehnung privatrechtlicher Ausgleichsansprüche hat H. H. Klein gegen die Anwendung der Geschäftsführung ohne Auftrag geltend gemacht, der öffentlich-rechtliche Erstattungsanspruch mache diese entbehrlich[79]. Dieser nicht weiter begründete Einwand führt auf die entscheidende Frage, inwieweit das privatrechtliche Institut neben der im heutigen Verwaltungsschuldrecht fest verankerten öffentlich-rechtlichen Ausgleichsnorm noch gültig sein kann. Das Verhältnis beider Anspruchsgrundlagen ist darum näher zu prüfen.

2. Der Tatbestand der §§ 677 ff. BGB

Die Anwendbarkeit der Geschäftsführung ohne Auftrag setzt zunächst voraus, daß der Tatbestand der §§ 677 ff. BGB ausgefüllt ist, wenn Behörden fremde Verwaltungsaufgaben erledigen. Dabei ist grundsätzlich klar, daß diese Vorschriften nach dem Fortfall der Fiskuslehre nicht mehr unmittelbar gelten können, weil die in öffentlich-rechtlicher Funktion handelnde Verwaltung nicht mehr Adressat zivilrechtlicher Normen ist. Dieser Mangel wird herkömmlich in der Weise überbrückt, daß die letzteren bloß entsprechend angewandt werden[80] oder als Aus-

---

[79] DVBl 1968, 165, 167, 169. Gl. A. *Neuffer*, Der pflichtengebundene Geschäftsführer ohne Auftrag. Diss. Regensburg 1971, 131; *Erman / Hauß*, BGB, Rn. 23 vor § 677.

[80] So noch *OVG Münster* NJW 1976, 1956. w. Nachw. bei *Hoepffner*, Diss. 1972, 65 ff.; abl. *ders.* 76.

druck allgemeiner, auch im Verwaltungsrecht verbindlicher Rechtsgrundsätze angesehen werden[81]. Eine strenge Bindung an die §§ 677 ff. BGB wird damit von vornherein ausgeschlossen. Die weitere Frage, welcher dieser beiden Geltungsgründe nun maßgeblich sei, hat also keine praktische Bedeutung, weil der Richter Tatbestand und Rechtsfolge ohnehin dem Einzelfall anpassen kann. Subsumieren wir dessenungeachtet unter die §§ 683, 679 BGB, so ist mit der Rechtsprechung davon auszugehen, daß eine Behörde fremde Geschäfte führt, wenn sie die einer anderen Behörde zugewiesenen Aufgaben erfüllt. Das Verwaltungsrecht macht diesen Grundtatbestand sogar leichter anschaulich als das bürgerliche Recht. Einmal ist nach der treffenden Kennzeichnung durch H. J. Wolff jegliches Verwaltungshandeln Geschäftsbesorgung, weil der Amtsträger nicht für sich handelt, sondern weil der Erfolg seiner Tätigkeit dem Bürger als dem Träger des handlungsleitenden Interesses zukommt[82]. Zum anderen verfügt das Verwaltungsrecht in Gestalt der gesetzlichen Kompetenzordnung über eine der Idee nach vollständige Zuordnung der „Geschäfte", d. h. der Tätigkeitsbereiche, während das bürgerliche Recht in Ermangelung solcher Normen große Schwierigkeiten hat, die Fremdheit des Geschäfts in kontrollierbarer objektiver Weise zu bestimmen[83]. Ein fremdes Geschäft wird selbst dann geführt, wenn die ausführende Behörde eine eigene subsidiäre Pflicht erfüllt, z. B. wenn die Ordnungsbehörde einen sozialversicherten Geisteskranken unterbringen läßt[84]. Wenn die Gegenansicht darauf hinweist, daß die Behörde doch ihre eigene Pflicht erfülle[85], so übersieht sie, daß es für die Zugehörigkeit des Geschäfts entscheidend auf die Innehabung der Kostenlast ankommt. Die Befugnis zum Entscheiden und Handeln ist insoweit nicht relevant, weil der Begriff des fremden Geschäfts teleologisch im Hinblick auf den Kostenausgleich als die davon abhängige Rechtsfolge zu verstehen ist. Im übrigen zeigen einige Geschäftsbesorgungsverhältnisse des bürgerlichen Rechts, wie etwa zwischen Eltern und Kind (als Geschäftsherrn, vgl. § 1648 BGB) oder zwischen Testamentsvollstrecker und nicht verfügungsberechtigtem Erben (§§ 2211, 2218 BGB), daß es nur auf die vermögensmäßige Zuordnung der Kostenlast ankommt[86].

Hat die Behörde bzw. deren Amtswalter Kenntnis von ihrer Unzuständigkeit, handelt sie mit Geschäftsführungswillen. Wie im Privat-

---

[81] Dafür die wohl h. L., *Hoepffner*, Diss. 1972, 76 ff. m. w. Nachw.

[82] Organschaft und Juristische Person I (1933) 88 ff., 120 ff., 229 f.; *Wolff / Bachof*, VerwR I § 2 II a, § 3 I c. Der Grundgedanke erscheint bereits bei *Jhering*, Der Zweck im Recht (3. Aufl. 1893) 220 f.; *Wollschläger*, GoA 51.

[83] Dazu *Wollschläger*, GoA 52 ff.

[84] *RGZ* 144, 173.

[85] *Neuffer* (Fußn. 79) 128 f.

[86] *Wollschläger*, GoA 63 f.

recht steht dem nicht entgegen, daß sie im Streit mit einer anderen Behörde evenuell damit rechnen muß, selbst zuständig zu sein[87]. Erst die irrige Annahme alleiniger endgültiger Zuständigkeit schließt gemäß § 687 I BGB die Anwendbarkeit der §§ 677 ff. BGB aus[88].

„Ohne Auftrag" wird das fremde Verwaltungsgeschäft geführt, wenn eine gesetzliche Ermächtigung zum Handeln für Rechnung der zuständigen Behörde oder ein Amtshilfeersuchen — das Gegenstück des privatrechtlichen Auftrags — fehlt. Ob ein Interesse des Geschäftsherrn an der Übernahme der Geschäftsführung i. S. d. § 683 BGB besteht, hängt davon ab, ob eine konkrete Pflicht der zuständigen Behörde besteht. Auf die Übereinstimmung mit deren mutmaßlichen Willen kommt es unter den Voraussetzungen des § 679 BGB dann nicht mehr an.

Demnach kann die Erfüllung fremder Verwaltungsaufgaben durchaus den Tatbestand der §§ 683, 679 BGB erfüllen. Die Fortgeltung dieser Vorschriften hängt folglich allein davon ab, in welchem Verhältnis sie zum Erstattungsanspruch stehen.

3. Der Tatbestand des Erstattungsanspruchs

Es ist deshalb zu prüfen, ob außerdem auch die Voraussetzungen des Erstattungsanspruchs gegeben sind. Dieser Rechtsbehelf hat dogmengeschichtlich die Nachfolge des Bereicherungsanspruchs im öffentlichen Recht angetreten. In den Tatbeständen und der theoretischen Konzeption bestehen viele Parallelen, so daß hier ähnliche Fragen wie zur Abgrenzung der §§ 677 ff. BGB von den §§ 812 ff. BGB erscheinen.

a) Lassar: Leistungskondiktion

Lassar entwickelte seine Auffassung des Erstattungsanspruchs am Modell der *Rückforderung* der auf einen vorläufigen Abgabenbescheid geleisteten Zahlung. Die Leistungsrückgewähr im unmittelbaren Verhältnis von Geber und Empfänger der unrechtmäßigen Vermögensverschiebung erschien ihm als Umkehr des öffentlich-rechtlichen Leistungsanspruchs[89]. Diese engere Konzeption entspricht der römischen

[87] *Wollschläger,* GoA 100 Fußn. 119; 98 Fußn. 114.

[88] *SächsOVG* 10, 56 (24. 10. 1906); *OLG Rostock* MecklZ 47, 370; Vorinstanz in *RGZ* 130, 268, 269; *BSG* 16, 151, 156 f.; *BVerwG* 32, 279, 281; *BVerwG* 36, 108 (17. 9. 1970); *BayVGH* VerwRspr 22, 866, 868 f. — Gl. A. *Hurst* DVBl 1965, 757, 758; *Rietdorf* DÖV 1966, 253, 255; *Neuffer* (Fußn. 79) 125.

[89] *Lassar,* Der Erstattungsanspruch (1921) 94 ff., 98, 101. Ihm folgend *E. Weber,* Der Erstattungsanspruch (1969) 10 f., 27. Vgl. ferner *Lehmann-Grube,* Der Rückforderungsanspruch im Sozialrecht (1962) 9 ff., 14 f. Auch *Erichsen / Martens* in *dies.,* Allg. Verwaltungsrecht 186 nennen nur die Rückgewähr von Leistungen.

condictio indebiti bzw. der Leistungskondiktion des bürgerlichen Rechts. Rechtsgrund der Leistung ist dabei der Verwaltungsakt, dem im bürgerlichen Recht der Vertrag oder die sonstige schuldrechtliche Leistungspflicht entsprechen. Dieser Rückforderungsfall ist gesetzlich geregelt für Leistungen aufgrund vorläufiger Verwaltungsakte und aufgrund endgültiger Verwaltungsakte, sofern diese als rechtswidrig aufgehoben werden[90]. Im übrigen ist er gerichtlich anerkannt[91].

Der Rückgriff zwischen Behörden ist mit diesem Tatbestand nicht zu erfassen, weil die unmittelbare Vermögensverschiebung nicht zwischen beiden, sondern zwischen der unzuständigen leistenden Behörde und dem privaten Empfänger, sei es einer Einzelperson oder der Allgemeinheit, stattgefunden hat. Lassar schlug darum zur Bewältigung dieses Ausgleichsproblems einen „Abwälzungsanspruch" vor[92, 93]. Auch die §§ 683, 679 BGB würden sich dann dafür anbieten.

b) Otto Mayer: generelle Ausgleichsnorm

Lassars Terminologie hat sich jedoch nicht allgemein durchgesetzt und auch keinen Eingang in die Gesetzessprache gefunden. Vielmehr ist *Otto Mayers* ganz weites und unstrukturiertes Verständnis des Erstattungsanspruchs maßgeblich geblieben. Er leitete die Ausgleichsnorm aus Billigkeitsrecht ab und wollte damit, ohne ihr feste Tatbestände zuzuordnen, ungerechtfertigte Vor- und Nachteile jeder Art im Verwaltungsrecht kompensieren[94]. Diese konturenlose Konzeption folgt ersichtlich dem älteren gemeinrechtlichen Verständnis der condictio sine causa, so wie es der 1846 geborene Otto Mayer in seinem Studium gewiß noch aufgenommen hatte[95]. Sie hat sich bis in das heutige Verwaltungsschuldrecht gehalten. Das zeigt etwa die Vorstellung des Bundesverwaltungsgerichts von einem Erstattungsanspruch, auf den Grund-

[90] § 37 Abs. 2 S. 2 AO 1977; § 42 Abs. 2 SGB I. — § 37 Abs. 2 S. 1 AO 1977; § 48 Abs. 2 S. 5 VwVfG; § 27 SGB IV; § 152 AFG; §§ 290, 350 a LAG. w. Nachw. bei *von Maydell* ZfS 1973, 266 III 2 a. Ferner Art. 210 württEVerwRO 1936.

[91] Nachw. bei *Becker* DÖV 1973, 379, 388.

[92] Erstattungsanspruch 105 f. Übernommen von *BSG* 16, 151, 156 f. und *BVerwG* 32, 279, 281 f.; *Wallerath* DÖV 1972, 221, 224 ff.

[93] Das BSG konstruiert den Rückgriff bisweilen auch mit Hilfe eines „auftragsähnlichen Verhältnisses": *BSG* FEVS 19, 104 (23. 3. 1971); *BSG* 39, 24 (18. 12. 1974).

[94] Dt. Verwaltungsrecht II 380 ff., 388, 390.

[95] Die condictio sine causa wurde als Oberbegriff sämtlicher Kondiktionstatbestände aufgefaßt und aus aequitas hergeleitet. So noch in der um 1880 entstandenen Begründung zum Teilentwurf Obligationenrecht des BGB (Kommission zur Ausarbeitung eines BGB. ... Buch.Recht der Schuldverhältnisse, II. Bes. Th. mit Begr., Vorlage des Redaktors von Kübel. Berlin 1882. Abschn. II Tit. 8 Ungerechtf. Bereicherung S. 1). / Vgl. *Windscheid*, Pandekten II (9. Aufl. 1906) § 421; dazu *Wilhelm*, Rechtsverletzung und Vermögensentscheidung (1973) 38 ff., 42 ff.

sätze der Geschäftsführung ohne Auftrag anwendbar sind[96]. Erst in neuerer Zeit bemüht sich das Schrifttum um eine genauere tatbestandliche Konkretisierung[97], womit eine Entwicklung nachgeholt wird, die im Zivilrecht seit Wilburg (1934) anhält[98].

Die herrschende weite Konzeption des Erstattungsanspruchs erfaßt den Rückgriff zwischen Behörden ohne weiteres. Mit der Leistung durch die unzuständige Behörde hat die zuständige Behörde einen Vermögensvorteil dadurch erlangt, daß sie von dem Anspruch des Empfängers, der dieselbe öffentlich-rechtliche Leistung nicht ein zweites Mal fordern darf[99], befreit wird. Diese mittelbare Vermögensverschiebung ist insofern rechtsgrundlos bzw. zu Unrecht erlangt, als sie gegen die gesetzliche Zuordnung der Ausgabenkompetenz verstößt. Otto Mayer erfaßte auf diese Weise Rückgriffsfälle, welche die von ihm verworfene privatrechtliche Betrachtungsweise als negotiorum gestio qualifiziert hatte[100]. Die Leistung einer unzuständigen Behörde, die sich irrtümlich für zuständig hält, wird heute von den Gerichten nach seinem Vorgang unter den Erstattungsanspruch subsumiert[101]. Auf die gesetzlich geregelten Fälle dieses verwaltungsrechtlichen Rückgriffstatbestandes, die im Sozialleistungsrecht bis in die frühe Armengesetzgebung und in die Anfänge der Sozialversicherung zurückreichen, wurde bereits hingewiesen[102]. Die Möglichkeit, auch die bewußte Erfüllung fremder Verwaltungsaufgaben mit Hilfe des Erstattungsanspruchs zu erfassen, dürfte danach feststehen.

c) Rückforderungs- und Rückgriffserstattungsanspruch

Im Ergebnis umfaßt der Erstattungsanspruch demnach mindestens *zwei Tatbestände*, deren Ausgleichsproblematik jeweils andere Schwerpunkte hat: Die Rückforderung vom Empfänger und den Rückgriff wegen der Erfüllung fremder Verwaltungsaufgaben[103]. Zur besseren

---

96 *BVerwG* 18, 221, 222. Ähnl. *BSG* 20, 143, 144.

97 *Wallerath* DÖV 1972, 221; *von Maydell* ZfS 1973, 265.

98 *Wilburg*, Die Lehre von der ungerechtfertigten Bereicherung (1934); *von Caemmerer* Festschr. Rabel I (1954) 333.

99 Dazu oben § 2 II 3 c.

100 Dt. Verwaltungsrecht II 388 ff., 392. Ebenso *Hurst* DVBl 1965, 758; *H. H. Klein* DVBl 1968, 165, 169 f.; *Neuffer* (Fußn. 79) 128; *Wallerath* DÖV 1972, 221, 224 ff. Letzterer begründet den Anspruch mit einer Analogie zu § 1531 RVO. Das ist entbehrlich, weil der Anspruch schon lange als solcher im allgemeinen Verwaltungsschuldrecht anerkannt ist.

101 *BSG* 16, 151, 156; *BayLSG* FEVS 13, 196 (23. 9. 1964); *OVG Hamburg* FEVS 17, 124 (21. 2. 1969); *BVerwG* 32, 279, 181 f.; *BSG* Breithaupt 75, 964, 965 (12. 2. 1975); *LSG Niedersachsen* Breithaupt 75, 829, 830 (12. 3. 1975).

102 Oben Fußn. 26, 27.

103 Ebenso im Erg. *Wallerath* DÖV 1972, 221 ff. Vorsichtig zust. *Wolff / Bachof*, VerwR I § 44 I b 6 γ.

Unterscheidung empfiehlt es sich, im ersten Fall von einem „Rückforderungserstattungsanspruch“, welcher der Leistungskondiktion entspricht, zu sprechen. Im zweiten Fall handelt es sich um einen „Rückgriffserstattungsanspruch“, der tatbestandlich mit der Rückgriffskondiktion übereinstimmt.

4. Das Konkurrenzverhältnis

Wie ist nun das Konkurrenzverhältnis der §§ 683, 679 BGB zum Rückgriffserstattungsanspruch zu lösen?

a) Allgemeines

Dies erscheint theoretisch schwierig, weil beide Normen den *ungeschriebenen Grundsätzen* des allgemeinen Verwaltungsrechts angehören. Würde es sich um positives Gesetzesrecht handeln, wäre die Geltung der einen Norm nicht dadurch berührt, daß sie in Tatbestand und Rechtsfolge mit einer anderen übereinstimmt; die gegebenen Ansprüche wären dann eben mehrfach begründbar[104]. Im Bereiche allgemeiner Grundsätze kann diese Lösung, die das Konkurrenzproblem von vonherein entfallen ließe, nicht übernommen werden. Hier ist es Aufgabe der Gerichte und der Rechtslehre, die Rechtssätze zu formulieren und dies im Interesse der Ökonomie juristischer Terminologie so zu tun, daß überflüssige Verdoppelungen vermieden werden. Sinnvollerweise können nicht zwei in Tatbestand und Rechtsfolgen übereinstimmende Grundsätze bestehen; selbst wenn die Rechtssprache von zwei Ansprüchen reden würde, bestünde in Wahrheit nur ein materielles Entscheidungsprinzip, also eine (ungeschriebene) Norm.

Für die Geschäftsführung ohne Auftrag ergibt sich daraus, daß ihre bis in das 19. Jahrhundert zurückreichende Geltung durch die spätere Anerkennung des Erstattungsanspruchs nur dann nicht berührt würde, wenn sie im Verhältnis zu diesem spezifische Voraussetzungen und Folgen hätte. Stimmen beide überein, muß dem spezifisch verwaltungsrechtlichen Rechtssatz der Vorrang vor der mittelbaren Anwendung bürgerrechtlicher Normen gebühren. Die Fortgeltung der §§ 683, 679 ff. BGB im Verwaltungsrecht hängt also davon ab, ob sie noch eine spezifische Funktion gegenüber dem Rückgriffserstattungsanspruch haben.

b) Der Geschäftsführungswille

Die tatbestandliche Besonderheit des Rückgriffs aus §§ 683, 679 BGB liegt zunächst darin, daß er den Geschäftsführungswillen voraussetzt.

---

104 *Larenz*, Allg. Teil (3. Aufl. 1975) § 14 IV S. 216 m. w. Nachw.

Diese Regreßnorm ist durch § 687 I BGB auf die Fälle bewußten Handelns einer Behörde anstelle einer anderen beschränkt. Dies bedingt jedoch keine unterschiedliche Rechtsfolge, weil auch die irrtümliche Leistung durch die unzuständige Behörde mit Hilfe des Erstattungsanspruchs zum Rückgriff gegen die zuständige Behörde führt[105]. Diese Unterscheidung, die den Anwendungsbereich der §§ 677 ff. und §§ 812 ff. BGB voneinander abgrenzt, ist folglich im öffentlichen Recht ohne Belang. Im bürgerlichen Recht ist die Grenzziehung zwischen negotiorum gestio und condictio sine causa historisch gewachsen und durch § 687 I BGB festgeschrieben[106]. Das Verwaltungsschuldrecht braucht sich jedoch mit solchen für das praktische Ergebnis irrelevanten Differenzierungen nicht zu belasten.

Für den Rückgriff zwischen Behörden reicht die objektive Tatsache aus, daß eine fremde Verwaltungsaufgabe erfüllt wurde. Die Entbehrlichkeit des Geschäftsführungswillens zeigt sich vor allem darin, daß die gesetzliche Regelung von Fällen, die früher mit Hilfe der negotiorum gestio entschieden wurden, überall auf dieses subjektive Tatbestandsmerkmal verzichtet hat[107].

c) Der Fortfall der Bereicherung

Der Rückgriff aus den §§ 683, 679 BGB ist ferner nicht dem Einwand des Fortfalls der Bereicherung gem. § 818 III BGB ausgesetzt, wohingegen dies für den (Rückforderungs-)Erstattungsanspruch in Betracht kommt[108]. Dieser Unterschied in den Rechtsfolgen ist freilich für den Rückgriff wegen der Erfüllung einer fremden Verbindlichkeit schon nach bürgerlichem Recht irrelevant. Denn wenn und solange die von einem Dritten getilgte Verbindlichkeit besteht, ist der Schuldner durch Ersparnis der eigenen Erfüllung bereichert. Diese Art der Bereicherung kann nicht entfallen[109]. Das Problem des Vertrauensschutzes beim Bereicherungsempfänger, das im bürgerlichen Recht nicht anders als im Verwaltungsrecht hinter dem Einwand des Fortfalls der Bereicherung steht, stellt sich also in den Rückgriffsfällen nicht. Übereinstimmend damit hat das Bundesverwaltungsgericht in anderem Zusammenhang

---

[105] Nachw. in Fußn. 101.

[106] Zur Ablehnung der älteren objektiven Theorie *Wollschläger,* GoA 43 ff. Ihr folgen noch *ObTrib Stuttgart* (1834 Fußn. 10 S. 250 ff.); *OAG Jena* SeuffArch 21 Nr. 51 (21. 9. 1866).

[107] § 22 GeschlKrG bestimmt den Kostenträger objektiv anhand der durchgeführten Maßnahme; ebenso die Durchführungsgesetze zu § 62 BSeuchG. § 103 BSHG knüpft den Erstattungsanspruch an die bloße Tatsache, daß Kosten aufgewendet wurden; ebenso § 1531 RVO an die Tatsache der Unterstützung.

[108] So nach § 48 Abs. 2 S. 6 VwVfG. Allg. zum Vertrauensschutz *Becker* DÖV 1973, 379 ff.

[109] Nachw. bei *Wollschläger,* GoA 217 Fußn. 167.

festgestellt, daß im Verhältnis von Behörden untereinander kein Raum für einen Vertrauensschutz sei[110]. Der Rückgriffserstattungsanspruch und die §§ 683, 679 BGB stimmen folglich auch hinsichtlich der Rechtsfolge überein.

Demgegenüber zeigt sich innerhalb der Tatbestände des Erstattungsanspruchs ein praktisch wichtiger Unterschied, der bislang im Schrifttum nicht beachtet wurde[111]: Das Problem des Vertrauensschutzes stellt sich allein für den Rückforderungserstattungsanspruch, nicht dagegen für den zwischenbehördlichen Rückgriff. Aus diesem Grunde ist die tatbestandliche und terminologische Trennung besonders angezeigt.

d) Ergebnis

Im Ergebnis ist sonach festzustellen, daß bei Erfüllung fremder Verwaltungsaufgaben die Geschäftsführung ohne Auftrag und der Rückgriffserstattungsanspruch in dem entscheidungserheblichen Tatbestand und in den Rechtsfolgen übereinstimmen. Folglich hat die Ausbildung des Erstattungsanspruchs im jüngeren Verwaltungsrecht die ältere negotiorum gestio entbehrlich gemacht und deren Geltung im öffentlichen Recht beendet. Die Verdrängung der condictio indebiti des öffentlichen Rechts durch den Rückforderungs-Erstattungsanspruch findet so ihre Parallele.

5. Terminologie

Die Figur der Geschäftsführung ohne Auftrag zwischen Behörden sollte nicht zuletzt deshalb aufgegeben werden, um die juristische Terminologie zu vereinfachen und auf das wesentliche zu konzentrieren[112]. Urteile, die Geschäftsführung ohne Auftrag, Bereicherungsrecht und Erstattungsanspruch mit im wesentlichen gleichen Sachargumenten und Ergebnissen prüfen[113], sollten keine Nachahmung finden. Die Wahl der Anspruchsgrundlage bildet im Vergleich mit den Sachfragen des zwischenbehördlichen Rückgriffs ein ganz untergeordnetes rechtstechnisches Problem. Denn im Grundsatz herrscht ja Einigkeit, daß ein Ausgleich zu gewähren ist. In Detailfragen vermögen die einzelnen Normen ohnehin keine Auskunft zu geben, weil sie entweder inhaltlich ganz unbestimmt sind oder nur entsprechend oder in der vagen Form allgemeiner Rechtsgrundsätze gelten.

---

[110] *BVerwG* 23, 25 (8. 12. 1965); *BVerwG* 27, 215, 217 f. (20. 6. 1967); *BVerwG* 36, 108, 113 f. (17. 9. 1970); *Becker* DÖV 1973, 379, 381.

[111] Vgl. zuletzt *Wallerath* DÖV 1972, 221; *Wolff / Bachof*, VerwR I § 44 I b 6.

[112] Gegen die uneinheitl. Terminologie zutr. *Hebe* ZfS 1973, 205. Vgl. auch *Lehmann-Grube*, Rückforderungsanspruch im Sozialrecht 9.

[113] *BayVGH* VerwRspr 21, 397; *BayVGH* VerwRspr 22, 868.

Die *tragende normative Grundlage* des Rückgriffs zwischen Behörden, d. h. derjenige Rechtssatz, von dem die Entscheidung des Streits maßgeblich abhängt, liegt überhaupt nicht in der Anspruchsgrundlage, wie es die gängige zivilrechtlich geschulte Denkweise nahelegt. Alle in Betracht kommenden Regreßnormen enthalten nämlich offene normative Tatbestandsmerkmale, die über den wesentlichen Kern des Ausgleichsproblems nichts sagen. Im Rahmen der §§ 683, 679 BGB ist festzustellen, wessen „Geschäft" die streitige Verwaltungsmaßnahme ist. Das ist rein öffentlich-rechtlich anhand der die Zuständigkeit regelnden Spezialgesetze zu entscheiden. Der bürgerlich-rechtliche Tatbestand bietet nichts weiter als die Tatsache, daß überhaupt ein Geschäft geführt wurde und Aufwendungen entstanden sind; er gibt also nur den untergeordneten Anlaß des Streits wieder. In Wahrheit ist es die öffentlich-rechtliche Kompetenzordnung, welche das Ergebnis des zwischenbehördlichen Rückgriffs vorschreibt. Wie das Bundesverwaltungsgericht zutreffend sah, folgt der Ausgleich aus dieser Zuständigkeitsregelung verbunden mit dem Prinzip, daß der Träger der Aufgabenkompetenz auch die Ausgaben trägt[114].

Gleiches gilt für den Erstattungsanspruch (bzw. die Rückgriffskondiktion des öffentlichen Rechts). Seine Voraussetzungen enthalten konkret nur die Tatsache, daß ein Vermögensvorteil („etwas") erlangt wurde. Die Hauptfrage, ob dies rechtsgrundlos, bzw. zu Unrecht geschah, muß wiederum anhand der Zuständigkeitsnormen entschieden werden.

Die Anspruchsgrundlage bildet somit nicht mehr als einen rechtstechnischen Annex der eigentlich entscheidungsrelevanten öffentlich-rechtlichen Kompetenzregelung[115]. Nun kann zwar auf die erstere nicht verzichtet werden, weil es — im Sinne des Entstehungsprinzips[116] — durchaus denkbar wäre, daß die Nichteinhaltung der Zuständigkeitsvorschriften keinerlei Rückgriffsrechte auslöst. Um diese elementare Rechtsfolge, daß überhaupt ein Ausgleich stattfindet, auszudrücken, brauchen aber die einigermaßen komplizierten §§ 683, 679 BGB nicht bemüht zu werden. Sie ist in Gestalt des Erstattungsanspruchs hinreichend deutlich normiert, so karg dessen inhaltliche Konkretisierung auch sein mag. Ja, dessen Unbestimmtheit hat sogar den Vorzug, daß

114 *BVerwG* 18, 221, 224. Allg. Art. 104 a Abs. 1 - 3 GG für das Verhältnis Bund/Länder.

115 Die gleiche Abkehr von zivilrechtlicher Sicht liegt der Auffassung zugrunde, der (Rückforderungs-) Erstattungsanspruch bilde die Umkehrung des unwirksamen Leistungsanspruchs: *O. Mayer*, Dt. Verwaltungsrecht II 429 f., *Jellinek*, Verwaltungsrecht 51; *Lassar*, Erstattungsanspruch 94 ff. Ähnlich folgert *BVerwG* DÖV 1973, 490, 491 den Erstattungsanspruch bei Katastrophenhilfe aus der (bundesrechtlichen) Norm, welche die Bundeswehr zu Hilfe verpflichtet.

116 Oben Fußn. 32.

sie das Augenmerk des Rechtsanwenders nicht durch Subsumtion unter überflüssige Tatbestandsmerkmale von den eigentlichen Sachfragen der Kompetenzordnung ablenkt.

IV. Der Rechtsweg

Nach § 40 I VwGO ist für Erstattungsansprüche wegen der Erfüllung fremder Verwaltungsaufgaben (im Sinne der h. L. wegen öffentlich-rechtlicher Geschäftsführung ohne Auftrag zwischen Behörden) der Verwaltungsrechtsweg gegeben[117]. Fraglich kann heute nur noch sein, ob jeweils öffentlich-rechtliche oder privatrechtliche Aufgaben wahrgenommen wurden, so daß letzterenfalls der ordentliche Rechtsweg gegeben wäre.

1. Frühere Rechtsprechung

Die Frage stellt sich *historisch* zunächst dahin, wieso die ordentlichen Gerichte überhaupt Streitigkeiten von zweifelsfrei öffentlich-rechtlichem Charakter, wie etwa den Prozeß zwischen zwei Polizeiträgern um die Kosten der Seuchenbekämpfung[118], entscheiden konnten. Ihre Zuständigkeit war ja spätestens seit dem Gerichtsverfassungsgesetz von 1877 auf „bürgerliche Rechtsstreitigkeiten" i. S. d. § 13 GVG begrenzt, und daran hat die Einführung der allgemeinen Verwaltungsgerichtsbarkeit nichts geändert.

Dies dürfte aus einer faktischen Fortgeltung der Fiskustheorie zu erklären sein. Die von ihr konstruierte Aufspaltung des Staates in ein hoheitliches und ein privates Rechtssubjekt hatte den Zweck, dem Bürger Rechtsschutz wenigstens in vermögensrechtlicher Hinsicht, vornehmlich bei Enteignungen, zu geben. Der rechtstechnische Kunstgriff übertrug den ordentlichen Gerichten aus rechtspolitisch einsichtigen Gründen die Entscheidung von Streitigkeiten, die der Sache nach dem öffentlichen Recht angehörten. Wenn nun überdies Behörden untereinander um Vermögensangelegenheiten stritten, mochte das Rechtsschutzbedürfnis nicht so dringend wie für den Bürger gewesen sein; der billigenswerte Erfolg war jedenfalls der gleiche.

Aus den gleichen Gründen ist auch die Begründung, mit der das Reichsgericht im Jahre 1898 Klagen aus negotiorum gestio gegen

---

[117] *BVerwG* DVBl 1956, 375; *BVerwG* 18, 221, 222; *BSG* 6, 197, 200; *BGH* 24, 302, 308; *BGH* LM Nr. 84 zu § 13 GVG (16. 4. 1962). *Eyermann / Fröhler*, VwGO § 40 Anm. 20; *Schunck / de Clerk*, VwGO § 40 Anm. 4 a; *Tiedau* DÖV 1952, 164; *Erman / Hauß*, BGB, Rn. 23 vor § 677; *Soergel / Mühl*, BGB, Rn. 5 vor § 677.

[118] *RGZ* 77, 193; *RG* JW 1911, 992.

Behörden zuließ, als ein nur im Ergebnis zu billigender juristischer Kunstgriff zu durchschauen. Die wegweisende Entscheidung RGZ 41, 267 berief sich darauf, daß die Anspruchsgrundlage dem bürgerlichen Recht angehöre. Sie gestatte den Zivilgerichten, über die öffentlich-rechtliche Verpflichtung der beklagten Behörde als „Vorfrage" i. S. d. § 148 ZPO mitzuentscheiden[119]. Der öffentlich-rechtliche Kern des Regreßprozesses, ob nämlich ein Geschäft der beklagten Behörde geführt worden war, wurde so zur Vorfrage verharmlost, während der untergeordnete Umstand, daß im gemeinen Recht eine passende Blankettnorm in Gestalt der negotiorum gestio existierte, als wesentlich herausgestellt wurde. In Wahrheit wurden damit die Kompetenzen der Zivilgerichte überschritten; das Reichsgericht verblieb in der Tradition der Fiskuslehre. Diese Durchbrechung des § 13 GVG ist freilich mit Jellinek rechtspolitisch zu billigen, weil sie Rechtsschutz in Bereichen gewährte, wo Verwaltungsgerichte fehlten[120].

Später verwahrte sich das Reichsgericht zwar dagegen, daß in der „Einkleidung" der §§ 683, 812 BGB öffentlich-rechtliche Streitigkeiten vor die ordentlichen Gerichte gebracht wurden[121]. Eben das war seit jeher praktiziert worden. Daher sind auch die uneinheitlichen Kriterien, nach denen das Reichsgericht den ordentlichen Rechtsweg jeweils zuließ oder nicht, heute nicht mehr verwertbar[122].

2. Geltendes Recht

Für die nach geltendem Recht notwendige Abgrenzung zwischen öffentlich-rechtlicher und privater Geschäftsführung ohne Auftrag durch Behörden (i. S. d. h. L.) stellt das Schrifttum auf den Rechtscharakter des geführten Geschäfts ab. Ohne Zweifel gehören vor die Verwaltungsgerichte danach Prozesse um Maßnahmen, die von der klagenden Behörde in öffentlich-rechtlicher Form, etwa unter Erlaß eines Verwaltungsakts, geführt wurden. Hinsichtlich solcher Verwaltungsaufgaben, die nach Wahl der Behörde in öffentlich-rechtlicher oder privatrechtlicher Form erledigt werden können, stellt die eine Meinung darauf ab, welchen Rechtscharakter die Maßnahme bei der ausführenden Behörde hatte[123]. Nach der anderen soll dagegen entscheiden, welche Rechtsnatur das Geschäft gehabt hätte, wenn es von der beklagten Be-

---

[119] *RGZ* 41, 267, 272 ff.

[120] *Jellinek*, Verwaltungsrecht 51 f.

[121] *RGZ* 130, 268, 270: Streit um Fürsorgepflicht.

[122] Überblick bei *Tiedau* DÖV 1952, 164; *Haepffner*, Diss. 1972, 97, 168 ff. Gl. A. *BVerwG* DVBl 1956, 375.

[123] *Tiedau* DÖV 1952, 164, 165; *Hamann* NJW 1955, 481, 482; *Schack* JZ 1966, 640, 641.

hörde geführt worden wäre[124]. Der Streit um Baumaßnahmen an Straßen müßte demnach vor den ordentlichen Gerichten entschieden werden, weil diese regelmäßig von Privatunternehmern aufgrund von Werkverträgen als fiskalischen Hilfsgeschäften der Verwaltung durchgeführt werden.

Diese Betrachtungsweise ist dem Tatbestand der anspruchsbegründenden Regreßnorm des Privatrechts zu eng verhaftet. Richtig gesehen hängt der Rechtsweg einzig davon ab, ob „die Streitigkeit" i. S. d. § 40 I VwGO bzw. § 13 GVG dem öffentlichen oder bürgerlichen Recht angehört. Darüber entscheidet der geltend gemachte Verpflichtungsgrund. Dies ist, wie wir sahen, die öffentlich-rechtliche Kompetenzordnung[125], nicht aber die Rechtsform, in der die Verwaltungsaufgaben erfüllt werden. Daher kann es nicht darauf ankommen, ob die Verwaltung im Außenverhältnis zum Bürger öffentlich-rechtlich oder privatrechtlich tätig ist. Die Art der Geschäftsführung ist also auch für die Frage des Rechtswegs unerheblich, womit sich die Vorstellung einer öffentlich-rechtlichen Geschäftsführung ohne Auftrag wiederum als nutzlos erweist.

Die Bestimmung des Rechtswegs wird dogmatisch besser durch die von Fritz Schulz entwickelte Einsicht gefördert, daß der Rückgriffsanspruch wegen der Erfüllung einer fremden Verbindlichkeit eine Fortwirkung der Pflichtenstellung des Schuldners ist[126]. Ähnlich leitete Jellinek die öffentlich-rechtliche Natur der Erstattungsansprüche aus dem Gesichtspunkt der Abwicklung öffentlich-rechtlicher Rechtsbeziehungen ab[127]. Diesen dogmatischen Chiffren der „Natur" des Rechtsverhältnisses liegt der praktische Gedanke zugrunde, daß die Aufgabe der Verwaltungsgerichte, Behörden auf die Einhaltung ihrer öffentlich-rechtlichen Pflichten zu kontrollieren, auch die Entscheidung über Regreßansprüche Dritter, seien es Behörden oder Privatpersonen[128], einschließt. Die Zuständigkeit für den primären Rechtsschutz gegen pflichtwidriges Verhalten von Behörden verlangt auch die Zuständigkeit für den sekundären Rechtsschutz, d. h. die Entscheidung über die vermögensmäßigen Folgen der Nichterfüllung behördlicher Pflichten. Dazu gehört, wie wir sahen, der behördliche Erstattungsanspruch wegen der Erfüllung fremder Verwaltungsaufgaben, weil ihm eine Pflichtverletzung der beklagten zuständigen Behörde zugrundeliegt[129].

---

[124] *Baur* DVBl 1965, 896; *H. H. Klein* DVBl 1968, 165, 169; *Hoepffner*, Diss. 1972, 104; *Erichsen / Martens* in: *dies.*, Allg. Verwaltungsrecht 224.

[125] Oben § 2 III 5.

[126] *F. Schulz*, Rückgriff und Weitergriff (1907) 74 ff.; vgl. *Wollschläger*, GoA 59.

[127] Verwaltungsrecht 51 f.

[128] Dazu unten § 3 III.

[129] Oben Text nach Fußn. 67.

Im Ergebnis folgt daraus, daß die ordentlichen Gerichte nur für Regreßprozesse wegen der Erfüllung privatrechtlicher Pflichten anderer Behörden zuständig sind, wie z. B. wegen der Tilgung rechtsgeschäftlicher Schulden einer Gemeinde[130] oder wegen der Erfüllung einer privatrechtlichen Schadensersatzpflicht[131]. Diesen gleichzustellen sind diejenigen öffentlich-rechtlichen Schadensersatz- und Entschädigungspflichten, deren Prüfung den ordentlichen Gerichten gegenwärtig noch gesetzlich zugewiesen ist[132]. Auch der Streit um Verwendungen auf das Finanzvermögen gehört vor die Zivilgerichte, weil dieses nicht unmittelbar der Erfüllung öffentlicher Aufgaben dient[133].

Über Verwendungen auf Gegenstände des Verwaltungsvermögens, insbesondere öffentliche Sachen, haben dagegen die Verwaltungsgerichte zu entscheiden. Entgegen der Rechtsprechung des Bundesgerichtshofs, die zäh an traditionellen Zuständigkeiten aus der Zeit des Reichsgerichts festhält, sollte es dabei keine Rolle spielen, ob einzelne Maßnahmen der öffentlich-rechtlichen Unterhaltungspflicht oder der — aus durchsichtigen haftungsrechtlichen Gründen — als privatrechtlich qualifizierten Verkehrssicherungspflicht[134] unterliegen[135]. Auch der Streit um Maßnahmen der Energie- und Wasserversorgung gehört vor die Verwaltungsgerichte, weil die Gemeinden diese als öffentliche Aufgabe übernommen haben und weil hier zu entscheiden ist, ob die von der unzuständigen Behörde getroffenen Maßnahmen zu deren Erfüllung notwendig und sachdienlich sind[136]. Bei einer konsequenten Abgrenzung der Gerichtsbarkeiten, die einstweilen bis zu einer Reform des Staatshaftungsrechts noch ein Desiderat ist, sollte eine Vermutung dafür sprechen, daß Prozesse zwischen Behörden um öffentlich-rechtliche Klaggründe geführt werden.

---

[130] *RGZ* 130, 310 (13. 10. 1930): Bezirkswohnungsverband bezahlt Schulden des von der Gemeinde übernommenen Bauunternehmens. — Allg. *RGRK-BGB / Steffen* Rn. 109 vor § 677.

[131] *RGZ* 92, 401: Tötung eines Soldaten durch die Eisenbahn, Regreß des Militärfiskus; heute § 87 a BBG.

[132] *LG Aachen* VersR 1968, 567: Impfschaden eines Kindes, Rückgriff der AOK gegen das nach § 51 Abs. 1 BSeuchG haftende Land. Für den Aufopferungsanspruch des Kindes sieht § 62 BSeuchG den ord. Rechtsweg vor.

[133] *RGZ* 130, 310: Vollendung von Wohnungsbauten.

[134] Nachw. bei *Palandt / Thomas*, BGB, § 823 Anm. 8 c. Dagegen statt aller *Wolff / Bachof*, VerwR I § 57 V b. Kritisch zur inkonsequenten Regelung im Referentenentwurf eines Staatshaftungsgesetzes v. Sept. 1976 *Haverkate* ZRP 1977, 33, 38 ff.

[135] So zutr. für Straßenbeleuchtung *BayVGH* VerwRspr 21, 397. Abzul. *OLG München* NJW 1968, 604; *BGH* VkBl 1971, 609. Für Wasserstraße *BGH* NJW 1956, 382.

[136] Anders *LG Würzburg* VkBl 1959, 552 (Fußn. 2); *BGH* LM Nr. 18 zu § 677 BGB (Fußn. 3).

§ 3. Die freiwillige Erfüllung von Verwaltungsaufgaben durch Privatpersonen[1]

I. Tatbestände

1. Rechtstatsachen

Die auftraglose Geschäftsführung von Privatpersonen für Behörden wird von der ganz herrschenden Lehre als zulässig anerkannt[2]. Die Rechtsprechungsnachweise der Kommentare verstärken den Eindruck, daß hier ein gesicherter Anwendungsfall des Rechtsinstituts im öffentlichen Recht vorliegt. Dieses Bild muß gründlich korrigiert werden, wenn man es anhand der aus der veröffentlichten Judikatur zugänglichen Rechtstatsachen überprüft. Die auf negotiorum gestio gestützten Klagen von Bürgern gegen Behörden reichen in der Tat bis in die Zeit Napoleons zurück[3]. Wenn man aber die rund 50 einschlägigen Urteile daraufhin durchmustert, welche nach geltendem Recht überhaupt noch als Präjudiz verwertbar sind, bleibt nur eine einzige Entscheidung übrig, die eine Behörde mit vertretbarer Anwendung der §§ 683, 679 BGB verurteilte und die weder rechtlich noch tatsächlich obsolet ist[4]. Über die Hälfte des Fallmaterials ist durch gesetzliche Regelung überholt. Die restlichen Urteile weisen die Klage ab oder sind nach dem heutigen Stand des öffentlichen Rechts fehlerhaft.

Dieser Befund nötigt eindringlich zu der Frage, ob die Geschäftsführung ohne Auftrag von Privatpersonen für Behörden nicht schon ausgestorben ist, weil dafür kein Bedürfnis mehr besteht. Zumindest warnt

---

1 Hier nur zu Klagen auf Ersatz von Aufwendungen i. e. S. und Vergütung, zum Ausgleich für Nothilfeschäden unten § 6 II.

2 *Wolff / Bachof*, VerwR I § 44 I b 5; *Erichsen / Martens* in *dies.*, Allg. Verwaltungsrecht 223; *Simons*, Leistungsstörungen (1967) 66 Fußn. 78; *H. H. Klein* DVBl 1968, 165, 169; *Hoepffner*, Diss. 1972, 157 ff.; *Freund* JZ 1975, 513 ff.; *Staudinger / Nipperdey*, BGB, Rn. 71 vor § 677; *Erman / Hauß*, BGB, Rn. 26 vor § 677; *Palandt / Thomas*, BGB, § 677 Anm. 2 a. — Abl. *Jellinek*, Verwaltungsrecht 52; *Tiedau* DÖV 1952, 164, 165; *Hamann* NJW 1955, 481, 482 f.; *Schack* JZ 1966, 640, 641; *Soergel / Mühl*, BGB, Rn. 8 vor § 677.

3 *OAG Jena* ThürBl 13 (1866) 390 (20. 2. 1844): Gemeinde muß dem Schultheißen Requisitionsleistungen, die er 1809 bis 1814 an durchziehende Truppen erbracht hatte, aus neg. gestio ersetzen. — *OAG München* SeuffBl 12, 42 (3. 5. 1845): Klage der Erben eines Landrichters auf Erstattung der aus eigenen Mitteln getragenen Kosten für das Schreibpersonal; abgewiesen, da in Aufwandspauschale enthalten.

4 *LG Wiesbaden* DAR 1970, 751 (15. 10. 1968); dazu unten bei Fußn. 59.

er vor der Gefahr, hier in die Erörterung von dogmatischen Problemen ohne praktische Relevanz zu verfallen[5]. Aus diesem Grunde ist das Fallmaterial vorab durch Ausscheiden überholter und unrichtiger Urteile zu bereinigen, um die theoretische Prüfung auf eine verläßliche Grundlage zu stellen.

Dazu wird die heterogene Kasuistik wie folgt gegliedert: Zunächst ist die unfreiwillige private Tätigkeit (2.) von der freiwilligen zu trennen. Ebenso hebt sich die Erfüllung von Verträgen (3.) von spontanem Handeln ab, weil sie aufgrund einer wirksamen oder nur für wirksam gehaltenen Verpflichtung erfolgt. Die restlichen Fälle freiwilligen Eingreifens sind danach zu kennzeichnen, welche Person daraus unmittelbar Nutzen zieht. Weil Verwaltungshandeln stets fremdnützig ist, kann das prinzipiell niemals die Behörde selbst sein[6]. Vielmehr kommt die Erfüllung behördlicher Aufgaben entweder der Allgemeinheit zugute (6.) oder einzelnen Personen, wobei im letzten Fall wieder zu unterscheiden ist, ob dies der Aufwendende selbst (5.) oder ein Dritter ist (4.).

2. Unfreiwillige private Tätigkeit

Alle Urteile, die unfreiwillige private Tätigkeit als negotiorum gestio ansahen, sind vom heutigen Standpunkt aus überholt.

a) Handeln aufgrund Verwaltungsakts

Wenn der Zwang auf behördlicher Anordnung beruht, kann von einer Geschäftsführung „ohne Auftrag" nicht die Rede sein. Die durch den Verwaltungsakt geschaffene Rechtsbeziehung zwischen Bürger und Behörde ist zivilrechtlich einem Auftrag gleichzusetzen. Aufgrund des Gesetzes, das den Verwaltungsakt trägt, ist zu entscheiden, ob der Betroffene unentgeltlich tätig sein muß oder ob er wenigstens Ersatz seiner Auslagen oder gar eine Vergütung für seine Tätigkeit verlangen kann[7]. Dafür kommen bei rechtmäßiger Inanspruchnahme die Enteignungsentschädigung[8], bei Aufhebung eines Verwaltungsakts der Folgen-

---

[5] Siehe insb. *Freund* JZ 1975, 513, dessen Beispiele sämtlich konstruiert sind, soweit es sich nicht um gesetzlich überholte Judikatur handelt. Auch Hoepffner, Diss. 1972, 157 ff. vermag keinen realen Anwendungsfall beizubringen.

[6] Nur bei Verwendungen auf Finanzvermögen ist die Behörde wie ein Privater als unmittelbarer Empfänger anzusehen, weil dieses nicht unmittelbar öff. Aufgaben dient.

[7] Dazu *Ossenbühl* VVDStRL 29 (1971) 137, 180-5. Dort auch allg. zur Erfüllung von Verwaltungsaufgaben durch Private aufgrund gesetzlicher Pflicht (ebd. 137; *Gallwas* ebd. 211).

[8] *OLG Düsseldorf* RheinArch 106, 136, 138 (23. 10. 1908): Keine Vergütung für die aufgrund einer PolizeiVO gestellten Gespanne für die Feuerlöschspritze (gl. A. *Gallwas* BayVBl 1971, 245 ff.). — *KG* JW 1930, 1978 (23. 10. 1929): Spediteur erhält Lagergeld für die Lagerung zollamtlich bei ihm beschlagnahmter Zigaretten eines Einlagerers. Heute wäre die gewerbliche Leistung,

beseitigungsanspruch[9] oder andere Formen öffentlich-rechtlicher Ersatzleistung in Betracht.

b) Requisitionsleistungen an Besatzungstruppen

Für Requisitionsleistungen, die in den napoleonischen Kriegen an durchziehende Truppen gewährt wurden, erhielt der betroffene Bürger im 19. Jahrhundert von der Gemeinde Ersatz aus negotiorum gestio[10]. Selbst nach dem Zweiten Weltkrieg sollte der Staat auf dieser Grundlage für die Zwangsbelegung von Wohnraum durch Besatzungstruppen haften[11]. Die gesetzliche Regelung des Problems[12] hat diesen Fall in die Rechtsgeschichte verwiesen.

3. Leistungen aufgrund Vertrages

Wiederholt erhielten Unternehmer, die Werkleistungen für Behörden aufgrund eines unwirksamen oder irrtümlich angenommenen Vertrages erbracht hatten, eine Vergütung aus §§ 683, 679 BGB[13]. Diese Sachverhalte unterfallen der Leistungskondiktion des § 812 BGB, wie anderweit für Verträge zwischen Privatpersonen gezeigt wurde[14]. Zwar könnte man meinen, wenn Verträge mit Behörden unwirksam seien, müsse auf öffentlich-rechtliche Verpflichtungsgründe zurückgegriffen

---

wo sie überhaupt ohne Vertrag erbracht wird, entsprechend der Entschädigung eines von der Polizei herangezogenen Nichtstörers zu vergüten. Vgl. Musterentw. EPG § 45 Abs. 1, § 46 Abs. 1 in Verb. m. d. Begr. zu § 45, wonach als Schaden auch Aufwendungen zu verstehen seien.

9 *BayObLG* 4, 643 (25. 4. 1874): Pfarrgemeindemitglieder werden zu Kirchbauarbeiten durch vorläufige staatl. Anordnung herangezogen. Nachdem sie die Freiheit von Hand- und Spanndiensten erstritten haben, leistet der Staat Auslagenersatz aus neg. gestio. — Vgl. heute § 48 Abs. 3 VwVfG.

10 *OAG Jena* (1844 Fußn. 3). Ebenso *Cassationshof Paris* PucheltsZ 14, 204 (7. 2. 1882): Ersatz aus Art. 1375 Code Civil.

11 Abl. *BGHZ* 52, 371, 384 (13. 10. 1969); *BVerfG* 27, 253, 274 f. (3. 12. 1969); dazu unten bei Fußn. 43.

12 Ges. üb. d. Abgeltung von Besatzungsschäden v. 1. 2. 1955, BGBl I 734.

13 *OAG München* (1845 Fußn. 3): Frage der Vertragsauslegung, ob Schreibkosten von der Vergütung mit gedeckt sind. — *BayObLG* 4, 598 (18. 4. 1874): Bauunternehmer muß von vertraglich festgelegter Straßenführung abweichen (heute mittels ergänzender Vertragsauslegung zu lösen). — *RG* PucheltsZ 13, 266, 268 (25. 3. 1881), Vorinstanz *OLG Cöln* aaO. (19. 11. 1879): Wasserversuchsbohrungen über vertraglich festgesetzte Höhe nicht von der Stadt zu vergüten. — *OLG Hamburg* MDR 1954, 180 (20. 10. 1953): Unternehmer repariert in vermeintlichem amtlichem Auftrag Turbine, um Bruch eines Stausees zu verhüten; Vergütung aus §§ 683, 679 BGB (richtig aus § 812 BGB). — *BGH* WM 1972, 616, 618 (2. 3. 1972): Bau einer Kläranlage aufgrund Werkvertrags, der wegen fehlender Vertretungsmacht des Gemeindeorgans unwirksam ist; Vergütung aus §§ 683, 679 BGB (richtig § 812 BGB: Bereicherung der Gemeinde durch die Erschließungsanlage).

14 *Wollschläger*, GoA 207 ff.

werden[15]. Fehlerhafte Vertragsbeziehungen sind jedoch unter dem Gesichtspunkt des Sachzusammenhangs der Rückabwicklung ganz dem Privatrecht zuzuordnen[16]. Der mit der Erhebung der Vertragsklage verbundene ordentliche Rechtsweg ist zweckmäßigerweise auch dann beizubehalten, wenn sich der Vertrag als unwirksam herausstellt.

4. Rückgriffstatbestände

Die zahlenmäßig größte Gruppe von Urteilen betrifft die Erfüllung von behördlichen Pflichten zur Leistung an einzelne Empfänger durch einen Privatmann, mithin Rückgriffstatbestände. Dieser Anwendungsbereich der negotiorum gestio, der die aus dem römischen Recht herrührende Tilgung einer fremden Schuld durch einen Dritten zum Vorbild hat[17], ist ganz durch gesetzliche Regelungen im Sozialleistungsrecht abgelöst.

a) Fürsorge- bzw. Sozialhilferecht

Früher verurteilten die ordentlichen Gerichte Armenverbände bzw. *Träger der Fürsorge* zur Entgeltzahlung an Ärzte[18] und Krankenhausträger[19], die unterstützungsbedürftige Kranke in dringenden Fällen behandelt hatten. Sogar andere Privatpersonen, die Arme unterstützt hatten, konnten mit Hilfe der negotiorum gestio Ersatz aus der Armenkasse verlangen[20]. Dieser Sachverhalt unterfällt heute dem § 121 BSHG, wonach der Sozialhilfeträger die in Eilfällen gewährte private Unterstützung zu erstatten hat, wenn er die Leistungen bei rechtzeitiger Kenntnisnahme selbst erbracht hätte[21].

---

[15] So begründet *BGH* WM 1972, 616, 618 die Haftung der Gemeinde für die Kosten der Kläranlage damit, daß sie zur Erschließung verpflichtet sei.

[16] Ebenso *Jellinek,* Verwaltungsrecht 51 für die Rückabwicklung fehlerhafter öff.-r. Beziehungen mittels Erstattungsanspruchs.

[17] Dazu *Wollschläger,* GoA 76 f.

[18] *Bundesamt für Heimatwesen* (BAH) 2, 91, 93 (7. 1. 1873); *Sächs. Competenz-Commission* ZfRpfl NF 43 (1877) 173, 177 ff. (20. 11. 1875); *BAH* 13, 53, 54 (29. 1. 1881); *OLG Celle* OLGRspr 12, 272 (10. 11. 1905); *OLG Kiel* OLGRspr 18, 22 (19. 10. 1906); *LG Posen* PosMSchr 1908, 98 (18. 5. 1908); *LG Berlin I* KGBl 1914, 46 (11. 4. 1913).

[19] *LG Essen* JW 1934, 1932 Nr. 6; *RGZ* 150, 243, 245 (11. 2. 1936); Den ord. Rechtsweg bejahen *OLG Köln* JW 1935, 3056 Nr. 36; *RGZ* 150, 81, 84 (20. 1. 1936). Anders noch *RGZ* 27, 176 (25. 9. 1890).

[20] Für private Kostgewähr an Arme bejahen den ord. Rechtsweg: *Sächs. Competenz-Commission* (1875 Fußn. 18); *Sächs. KompetenzGH* AnnSächsOLG 19, 242 (3. 2. 1898); *OLG Kiel* SeuffAuch 42 Nr. 143 (19. 10. 1886); *Preuß. KompetenzGH* Reger ErgBd 1, 54 (14. 2. 1889). — Ferner *OLG Frankfurt* OLGRspr 28, 205: Kinderschutzverein (oben § 2 Fußn. 35); *OLG Jena* SächsArch 12, 280 (20. 9. 1935): Hebamme. — Klagabw. *KG* JW 1932, 3362 Nr. 3: Eigener städt. Rettungsdienst erübrigt Krankentransporte durch Privatunternehmer.

b) *Sozialversicherungsrecht*

Im Bereich der Sozialversicherung wurde die negotiorum gestio dazu benutzt, Krankenhäusern, die Mitglieder aufgenommen hatten, Kostenersatz zu verschaffen[22]. Honorarklagen von nicht zur Kassenbehandlung zugelassenen Ärzten drangen zwar nicht auf der Grundlage der §§ 683, 679 BGB durch, doch haftete der Träger der Sozialversicherung aus Bereicherungsrecht[23]. Heute sind diese Fälle auf sozialrechtlicher Grundlage von den Sozialgerichten zu entscheiden, so daß für bürgerlichrechtliche Anspruchsgrundlagen kein Bedarf mehr ist.

Nach § 368 d Abs. 1 S. 2 RVO darf das Kassenmitglied „in Notfällen" einen nichtzugelassenen Arzt in Anspruch nehmen. Die Vorschrift wird als öffentlich-rechtliches Auftragsangebot an den Arzt angesehen, so daß diesem ein sozialrechtlicher Vertragsanspruch gegen die Kassenärztliche Vereinigung erwächst[24]. Auf der gleichen Grundlage haben Krankenhausträger Ansprüche wegen der Notfallbehandlung durch angestellte Ärzte[25]. Hinsichtlich der sonstigen Leistungen ergibt § 371 RVO, daß die Kasse in Dringlichkeitsfällen auch an nicht vertraglich verbundene Krankenhäuser zu zahlen hat[26].

Wenn ein privater Dritter die Krankenhauskosten eines Kassenmitglieds trägt, weil die Kasse die Kostenübernahme (zu Unrecht) verweigert, könnte er sich heute nicht an die Kasse halten, sondern müßte sich mit dem Mitglied, für das er zahlte, auseinandersetzen[27].

---

21 Die Rspr. zur GoA bildet jedoch nicht das einzige Vorbild der Vorschrift. Sie hat als noch älteren Vorläufer eine eigene Verwaltungspraxis. Schon nach einer preuß. Ministerialverfügung von 1821 hatten die Armenverbände die erste Notfallbehandlung durch einen Arzt zu erstatten (zit. in *BAH* 11, 56, 60). Das Bundesamt für Heimatwesen erkannte später die Notaufnahme in Krankenhäusern als Armenpflege an, wenn sie vom Armenverband genehmigt war; *BAH* 7, 34, 36 (22. 4. 1876); *BAH* 9, 31, 35 (1. 9. 1877); w. Nachw. bei *Wohlers / Krech*, Reichsgesetz üb. d. Unterstützungswohnsitz (10. Aufl. 1907) § 28 Anm. 13 c; *Graeffner / Simm*, Armenrecht (1914) 332 f.

22 *KG* OLGRspr 5, 310 (5. 2. 1902); *KG* JRPrivVers 1940, 141 (10. 7. 1940); *BGH* VersR 1955, 49, 51 (20. 11. 1954); *BGH* VersR 1956, 235 (16. 2. 1956).

23 *LG Berlin I* KGBl 1906, 104 (15. 12. 1905) verneint den Gfg.-Willen, weil der Nichtkassenarzt im eigenen Interesse tätig werden wolle. — *OLG Kiel* SchlHA 1919, 234 (23. 10. 1919) verneint die Interessegemäßheit der GoA, da die Zahnbehandlung nicht eilbedürftig war. — *BGHZ* 23, 227, 229 ff. (31. 1. 1957) verneint Passivlegitimation der AOK, da KÄV haftet.

24 *Peters*, Handb. d. Krankenversicherung (Stand 1976) § 368 d RVO Anm. 8 d.

25 *BSG* 15, 169, 174 ff. (24. 10. 1961).

26 *BGH* VersR 1955, 49 wendet GoA an.

27 *LG Plauen* Wengler 1890, 349, 351 f. (16. 3. 1889): Arbeitgeber erhält von der Kasse Ersatz verauslagter Krankheitskosten aus neg. gestio. — Heute scheitert eine Haftung der Kasse daran, daß der Patient für den Fall, daß er keinen Anspruch auf Pflege als Kassenmitglied hat, mit dem Krankenhausträger einen Aufnahmevertrag als Selbstzahler schließen muß. Die Zahlung eines Dritten erfolgt darum auf diesen — auflösend bedingten — Vertrag. Wenn sich die Mitgliedschaft herausstellt, hat der Patient die Kondiktion gegen den Krankenhausträger. Er haftet dem Dritten aus Auftrag oder, falls dieser ihn beschenken wollte, aus § 812 BGB wegen Nichteintritts des mit der

c) *Beamtenrecht*

Außerhalb des Sozialleistungsrechts liegen keine Urteile vor, die einer Klage stattgeben. Daß aber *sonstige Rückgriffsfälle* nicht generell ausgeschlossen werden können, zeigt ein vom Bundesverwaltungsgericht entschiedener Sachverhalt[28].

Ein Rechtsanwalt war einem wegen Dienstunfähigkeit zu entlassenden Beamten gemäß § 44 Abs. 1 S. 2 BBG als Pfleger beigeordnet. Er klagte gegen dessen Dienstherrn auf Bezahlung des Honorars mit der Begründung, er habe das Geschäft des Dienstherrn geführt. Das Bundesverwaltungsgericht entschied dagegen zutreffend, der Rechtsanwalt habe das Geschäft des Beamten geführt. Es hielt ihn an dem durch die gerichtliche Bestellung geschaffenen Geschäftsbesorgungsverhältnis (§§ 1910, 1915, 1835 Abs. 2 BGB) fest. Das entspricht dem allgemeinen Grundsatz, daß man sich wegen der Bezahlung des Entgelts an seinen Vertragspartner halten muß, so daß man dessen Insolvenzrisiko trägt[29].

5. Selbsthilfeaufwendungen des Gläubigers

Mehrfach hatten sich Privatpersonen eigenmächtig eine Leistung verschafft, zu deren Erbringung sie die Behörde verpflichtet hielten. So hatte ein Bürger, dessen Haus an die gemeindliche Wasserversorgung angeschlossen war, die Gemeinde fruchtlos aufgefordert, die auf seinem Grundstück verlaufende eingefrorene Leitung zu reparieren. Er führte dies selbst durch und verlangte Ersatz mit der Behauptung, er habe das Geschäft der Gemeinde ohne Auftrag geführt[30]. Solche Fälle der „Selbsthilfeaufwendungen des Gläubigers" müssen — wie im bürgerlichen Recht — klar von den Rückgriffstatbeständen getrennt werden. Hier geht es um die Verfolgung von Leistungsansprüchen gegen die Verwaltung im Wege der Selbsthilfe. Strukturell gleicht dieser Fall der polizeilichen Ersatzvornahme, nur daß dort umgekehrt die Behörde in der Rolle des Gläubigers der öffentlich-rechtlichen Pflicht steht. Aus diesem Grunde sind beide später zusammen zu behandeln[31]. Doch sei schon jetzt bemerkt, daß hier keine Geschäftsführung „ohne Auftrag" vorliegt, weil der Gläubiger des selbst erfüllten

---

Leistung bezweckten Erfolgs oder bei Nichtigkeit der Schenkung wegen Fehlens der Geschäftsgrundlage. Auf jeden Fall zahlt der Dritte für Rechnung des Patienten und nicht der Kasse, so daß er sich an den ersteren halten muß.

Zu *LG Frankfurt/O.* KGBl 1918, 89 (Hebamme) unten bei Fußn. 68.

28 *BVerwG* 27, 314, 317 f. (16. 8. 1967).

29 *Wollschläger,* GoA 143 ff., 201 ff., 318.

30 *BayVGH* VerwRspr 24, 542 (24. 5. 1972). Ferner eigenmächtige Beschaffung von Lernmitteln für Schulkinder; Enttrümmerung des eigenen Grundstücks. Näheres unten § 5 III.

31 Unten § 5 I 1.

Leistungsanspruchs ggf. „berechtigt" i. S. d. § 677 BGB ist, sofern er überhaupt eigenmächtig handeln darf.

6. Verwendungen auf öffentliche Sachen

Als diskutierbare Anwendungsfälle privater Geschäftsführung ohne Auftrag für Behörden bleiben einzig fünf Urteile übrig, denen Verwendungen auf öffentliche Sachen zugrundeliegen, d. h. die eigenmächtige Verbesserung von öffentlichen Verkehrs- und Versorgungsanlagen durch Privatpersonen[32]. Alle drei veröffentlichten Klagen auf Bezahlung der Instandsetzung von öffentlichen Wegen durch Anlieger wurden freilich zutreffend abgewiesen[33]. Die auf Befehl der Besatzungsmacht durchgeführte Räumung von Brückentrümmern aus einer Wasserstraße, für die der Träger der Unterhaltungslast dem Unternehmer eine Vergütung zu gewähren hatte, entstammt der besonderen Nachkriegssituation[34]. Somit bleibt nur eine veröffentlichte Entscheidung, welche eine Behörde zum Kostenersatz an einen Bürger aus §§ 683, 679 BGB verurteilte und deren Sachverhalt wieder praktisch werden könnte[35]. Hier hatte ein Verkehrsteilnehmer Farbaufnahmen einer fehlerhaft geschalteten Verkehrsampel gemacht, um die Stadtverwaltung zur Abhilfe zu bewegen. Die Stadt mußte seine Auslagen in Höhe von 28,— DM ersetzen, weil die Anfertigung der Bilder als erforderlich dafür angesehen wurde, daß die Behörde ihrer Pflicht zur Gewährleistung der Verkehrssicherheit nachkam[36].

Der Anlaß dieser Prozesse hat mit *Menschenhilfe*, welche die h. L. sich auch in diesem Anwendungsbereich der Geschäftsführung ohne Auftrag als Modell vorstellt, nichts zu tun[37]. Der typische Sachverhalt

---

32 Vgl. oben § 2 Fußn. 48.

33 *OVG Münster* Gemeinde 1962, 40: private GoA für Behörde generell verneint; *BVerwG* BBauBl 1962, 454 (12. 1. 1962): GoA zugelassen; *OVG Lüneburg* VerwRspr 15, 799 (25. 5. 1962): GoA dahingestellt. — Klagabw. auch *OAG Dresden* AnnSächsOAG NF 8, 281 (27. 1. 1870): Bauunternehmer, der aufgrund Vertrages mit Grundstückseigentümer städt Kanalisation verlegt, hat keinen Anspruch gegen die Stadt. — Ebenso im Erg. *OVG Münster* VerwRspr 22, 568, 574 (5. 8. 1970): Kein Erstattungsanspruch eines Markthallenbenutzers, der eigenmächtig Umbauten an seinem Stand vorgenommen hat.

34 *BGHZ* 1, 57, 61 ff. (12. 1. 1951).

35 *LG Wiesbaden* DAR 1970, 130.

36 Dazu näher bei Fußn. 59.

37 *Freund* JZ 1975, 513, 515 will private GoA für den Staat auf Notfälle beschränken. Dabei beruft er sich auf *Lent*, der maßgeblich zur Wiederbelebung der von *Kohler* JherJb 25 (1887) 1 entwickelten Theorie der Menschenhilfe in der NS-Zeit beitrug (*Wollschläger*, GoA 26 ff., 38 ff.). — *Hoepffner*, Diss. 1972, 76 ff., 157 ff. betrachtet § 121 BSHG als gesetzliche Anerkennung des Gedankens der Förderung von Hilfeleistung. Das ist für dieses Gesetz richtig, sagt aber nichts für die GoA insgesamt. Denn die Hilfe kommt

ist vielmehr mit dem der privaten Selbsthilfeaufwendung im öffentlichen Recht eng verwandt: Sämtliche Kläger hatten sich vor ihrem Eingreifen erfolglos bei der Behörde beschwert. Alle hatten außerdem ein eigenes Interesse am begehrten Verwaltungshandeln, weil sie davon bevorzugt profitierten, — vor allem die Wegeanlieger. Auch der fotografierende Verkehrsteilnehmer war nur deshalb aktiv geworden, weil er an der Kreuzung einen Verkehrsunfall erlitten hatte und die fehlerhafte Schaltung der Ampel dafür verantwortlich machte; möglicherweise wollte er Schadensersatzansprüche gegen die Stadt vorbereiten. Hier handelt es sich also um die Verfolgung behaupteter Ansprüche auf behördliches Tätigwerden. Von den reinen Fällen der Selbsthilfeaufwendungen unterscheidet sich diese Form der Rechtsverfolgung nur dadurch, daß der Erfolg des Verwaltungshandelns, die Verwendung auf die öffentliche Sache, der Allgemeinheit zugutekam, so daß der Kläger bloß mittelbar als deren Teil davon profitierte.

II. Die Voraussetzungen der behördlichen Erstattungspflicht

1. Die Grundsatzfrage

Die Grundsatzfrage, ob eine Behörde überhaupt Aufwendungsersatz oder Vergütung schuldet, wenn ein Privatmann ihr obliegende Aufgaben ohne ihre Zustimmung wahrnimmt, ist durch die kontinuierliche ältere Rechtsprechung stets bejaht worden. Diese Lösung im Sinne des Ausgleichsprinzips ist ungeachtet des Umstandes, daß die allermeisten Urteile überholt sind, noch heute verbindlich, weil sie in § 121 BSHG und § 368 d Abs. 1 S. 2 RVO gesetzlich fortgeführt worden ist. Als Grund der Haftung, gleich wie man sie positivrechtlich begründet[38], ist wiederum die gesetzliche Ordnung der Ausgabenkompetenz anzusehen, nur daß diesmal das Verhältnis zu Privatpersonen — nicht anders als zu einer unzuständigen Behörde[39] — betroffen ist. Wenn die Kosten bestimmter Maßnahmen einer Behörde als Verwaltungsaufgabe gesetzlich zugewiesen sind, soll sie von diesen Lasten nicht durch das freiwillige Eingreifen Privater befreit werden. Der Ausgleichsanspruch verwirklicht also letztlich das Prinzip der Gesetzmäßigkeit der Verwaltung auf dem Gebiet der öffentlich-rechtlichen Vermögensordnung:

---

dem Empfänger und nicht dem Staat zugute. Hilfeleistung ist Zweck des BSHG, und im Hinblick darauf macht § 121 BSHG den Privatmann mittelbar zur Hilfsperson der Verwaltung, weil er auf deren Kosten tätig werden darf. Die GoA regelt aber ein solches Verhältnis der Vertretung oder Geschäftsbesorgung für beliebige Ziele des Geschäftsherrn.

[38] Dazu unten § 3 IV.

[39] Dazu oben § 2 II 2, 4.

Die Tatsache, daß die Behörde ihre Aufgabe nicht selbst erfüllt hat, ändert nichts daran, daß sie deren finanzielle Lasten trägt.

2. Einzelne Voraussetzungen

Die einzelnen Voraussetzungen der behördlichen Erstattungspflicht gegenüber Privatpersonen sind grundsätzlich die gleichen wie der gegenüber einer unzuständigen Behörde, weil die haftungsbegründenden Umstände nicht von der Person dessen, der die Aufwendungen getragen hat, abhängig sind. Die hierfür aus der Judikatur zu gewinnenden Gesichtspunkte sind mithin auch für den zwischenbehördlichen Rückgriff zu verwenden.

a) Ausgabenzuständigkeit

Wesentlich ist wieder die abstrakte Ausgabenzuständigkeit der beklagten Behörde. Letztere muß nach den die Verwaltungsaufgabe regelnden Gesetzen Kostenträger sein. Deshalb blieben die Klagen ohne Erfolg, wenn eine andere Behörde als die beklagte zuständig war[40] oder wenn die Aufwendungen einem anderen Privatmann[41] oder dem Kläger selbst[42] zur Last fielen.

b) Vorrang der Spezialregelung

Eine Spezialregelung der Erstattungspflicht gegenüber Privaten schließt die Geltendmachung weitergehender Ansprüche aus generellen Ausgleichsnormen nach dem Spezialitätsprinzip aus.

Dies zeigt sich an den zeitgenössischen Entscheidungen zu den Requisitionsleistungen an Besatzungstruppen. Ein 1844 ergangenes Urteil, welches die Gemeinde verpflichtete, die in den napoleonischen Kriegen erbrachten Leistungen aus negotiorum gestio zu erstatten, qualifizierte diese Kriegslast zutreffend als Geschäft der Gemeinde[43]. Damit war gesagt, daß sie von der Allgemeinheit und nicht von dem zufällig betroffenen Bürger zu tragen war. Das hat sich bis heute nicht geändert, wie das 1955 ergangene Gesetz über die Abgeltung von Besatzungsschäden zeigt. Dieses sah freilich nur eine zwischen

[40] *BGHZ* 23, 227, 229 ff.: Für Notfallbehandlung durch nicht zugelassene Ärzte zahlt die Kassenärztl. Vereinigung, nicht die AOK.

[41] *OAG Dresden* (1870 Fußn. 33): Die Verlegung der städt. Kanalisation oblag nicht der Stadt, sondern dem Auftraggeber des Unternehmers.

[42] *BayVGH* VerwRspr 24, 542, 545: Obwohl die Gemeinde die Reparatur der Wasseranschlußleitung auf dem Grundstück lt. Satzung auszuführen hatte, blieb dies Geschäft des Eigentümers. Ihn traf nämlich die Kostenlast nach der Satzung. Diese Zuordnung des Geschäfts wird durch das eigenmächtige Vorgehen nicht geändert.

[43] *OAG Jena* (1844 Fußn. 3). Ebenso *Cassationshof Paris* (1882 Fußn. 10). — Dies bestätigt umgekehrt *LG Kiel* SchlHA 1916, 89 (16. 3. 1916): Kein Rückgriff der Gemeinde gegen den Eigentümer eines Hauses wegen der dort der Marine gewährten Kriegsleistungen. Vgl. heute §§ 20 ff. BLG.

10 und 80 v. H. schwankende staatliche Entschädigung vor. Das Urteil *BVerfG 27, 253* hatte deshalb zu entscheiden, ob darin eine entschädigungspflichtige Enteignung lag. Das wäre der Fall gewesen, wenn auch nach dem Zweiten Weltkrieg der Staat aus §§ 683, 679 BGB auf vollen Ersatz gehaftet hätte[44]. Die Frage wurde mit der lapidaren Begründung verneint, die Zwangsbelegung von Wohnraum sei kein „Geschäft" sondern ein „Vorgang im Bereich der Besatzungsgewalt"[45]. Dieses inhaltsleere Argument weicht der zentralen Sachfrage aus, ob die Eigentumsgarantie des Art. 14 GG sinnvollerweise einen vollständigen Vermögensschutz auch in modernen Kriegs- und Nachkriegszeiten umfassen kann. Hier bedurfte es einer speziellen gesetzlichen Regelung. Denn ein soziales Problem solchen Ausmaßes wie die Verteilung der Besatzungslasten hätte nicht wie 1844 von den weder organisatorisch noch personell dafür gerüsteten Gerichten mit Hilfe der §§ 683, 812 BGB gelöst werden können.

c) Verpflichtung der Behörde

Der Behörde muß ferner im Einzelfall die konkrete Verpflichtung obliegen, die vom Privatmann ausgeführte Maßnahme vorzunehmen, so daß sie durch dessen Tätigkeit davon befreit wird[46]. Die älteren Urteile zur Haftung der Armenverbände und Fürsorgeträger zeigen, daß dafür ein persönlicher Leistungsanspruch des Empfängers nicht erforderlich ist, weil dieser (anders als nach § 4 BSHG) nicht bestand. Doch genügte die dem Staat gegenüber bestehende behördliche Pflicht[47]. Davon gehen auch die Entscheidungen aus, die Ersatz für Verwendungen auf öffentliche Sachen gewährten[48].

d) Ermessensaufgaben

Für wirkliche Ermessensmaßnahmen, insbesondere Wegebauten, wurde kein Ausgleich anerkannt[49]. Die Gerichte prüften allerdings, ob die Behörde aus § 812 BGB oder dem Erstattungsanspruch nicht wenigstens auf ihre Ersparnis haftete, verneinten eine solche aber aus tatsächlichen Gründen[50]. Dieses Problem ist im Verhältnis von Bürger und Verwaltung etwas anders zu beurteilen als zwischen Behörden, weil es nicht bloß um die Einhaltung der Finanzierungswege innerhalb der gesamten Staatsorganisation geht[51]. Es fragt sich vielmehr, ob das frei-

[44] Abl. bereits *BGHZ* 53, 371, 384.

[45] *BVerfG* 27, 253, 274 f.

[46] Vgl. oben § 2 II 3 c.

[47] Nachw. in Fußn. 18 - 20.

[48] *BGH* WM 1972, 616, 618 stellt fest, daß die Gemeinde infolge des Beginns der Bebauung zur Erschließung und zur Erstellung der Kläranlage verpflichtet war. Ein Anspruch auf Erschließung besteht aber nach § 123 Abs. 4 BBauG nicht. Vgl. ferner die Urteile in Fußn. 33.

[49] Nachw. in Fußn. 33.

[50] *OVG Lüneburg* VerwRspr 15, 799. *OVG Münster* Gemeinde 1962, 40 verneint den Erstattungsanspruch wegen der Einmischung.

willige Vermögensopfer eines Privatmanns auszugleichen ist, wenn daraus ein echter Vorteil für die Erfüllung der Verwaltungsaufgaben entstanden ist, z. B. wenn der vom Anlieger in den Weg eingebrachte Schotter bei einem späteren Ausbau durch die Behörde tatsächlich verwandt wird, so daß die Baukosten gesenkt werden. Für eine solche auf die behördliche Ersparnis begrenzte Aufwendungsersatzpflicht scheint § 121 BSHG zu sprechen, wonach die Behörde dem Privatmann auch Ermessensleistungen zu erstatten hat, vorausgesetzt, sie selbst hätte diese dem Sozialhilfeempfänger gewährt[52]. Auch für private Hilfe bei Unglücksfällen oder in gemeiner Gefahr oder Not ist seit 1976 gemäß §§ 765 a, 539 Abs. 1 Nr. 3 RVO[53] aus den Mitteln der Sozialversicherung Aufwendungsersatz zu leisten, ohne daß die Voraussetzungen auf Pflichtmaßnahmen der Polizei oder der Katastrophenschutzbehörden beschränkt sind. Mit Sozialhilfe und Gefahrenabwehr dürften aber die Bereiche der Verwaltung, in denen private Initiative förderungswürdig ist, erschöpft sein. Im übrigen muß der Schutz der finanziellen Dispositionsfreiheit der Behörde vorgehen. Solange sie frei ist, überhaupt Ausgaben zu veranlassen, können ihr solche nicht mit Hilfe privater Erstattungsansprüche aufgezwungen werden. Außerdem ist das eigene Interesse des Bürgers an den von ihm durchgeführten Maßnahmen regelmäßig so groß, daß darin ein ausreichender Gegenwert für seine Kosten zu erblicken ist: Wer eigenmächtig einen Weg verbessert, zu dessen Ausbau die Behörde nicht verpflichtet ist, hat einen eigenen Nutzen schon darin, daß er den Weg vor dem Zeitpunkt besser nutzen kann, zu dem die Behörde tätig geworden wäre. Daher ist jeglicher Ausgleich für die Erfüllung von Ermessensaufgaben der Verwaltung durch Privatpersonen über die gesetzlich geregelten Fälle hinaus abzulehnen.

e) Umfang der Erstattung, Vergütung

Hinsichtlich des Umfangs der behördlichen Haftung besteht gegenüber Privatpersonen insofern eine Besonderheit, als ihnen — abgesehen von den Aufwendungen (im eigentlichen Sinne vermögensmindernder Auslagen[54]) — nach ständiger Rechtsprechung eine Vergütung für berufliche oder gewerbliche Dienste zusteht[55]. Dazu ist zu betonen, daß

---

51 Vgl. oben § 2 II 4.

52 *BVerwG* Nachr. d. Dt. Vereins f. öff. u. priv. Fürsorge 1974, 249 (28. 3. 1974); *Schellhorn*, BSHG (8. Aufl. 1974) § 121 Rn. 6; *Gottschick / Giese* BSHG (4. Aufl. 1970) § 121 Rn. 2, 4.

53 Eingeführt durch Ges. üb. d. Entschädigung der Opfer von Gewalttaten v. 11. 5. 1976 (BGBl I 1181).

54 Zur Abgrenzung *Wollschläger*, GoA 70, 311 ff.

55 Nachw. bei *Wollschläger*, GoA 313, ferner oben Fußn. 18 (Ärzte). Gl. A. *Gallwas* BayVBl 1971, 245, 249.

generell nur die Kosten von Maßnahmen, die zur Erfüllung der behördlichen Pflichten *geeignet und erforderlich*, zu ersetzen sind. Für überflüssige oder sonst nicht sachdienliche private Aufwendungen gaben die Gerichte keinen Ausgleich[56]. Die Behörde haftet nur in dem Umfang, wie ihr selbst Ausgaben entstanden wären. Wenn Privatpersonen daher Leistungen erbringen, die von der Behörde mit eigenen Mitteln kostengünstiger bewirkt worden wären, ist die Ersatzpflicht auf deren tatsächliche Ersparnis beschränkt[57]. Nur wenn die Behörde selbst Privatunternehmer hinzugezogen hätte oder diese hätte hinzuziehen müssen, weil sie ihre Pflichten mit eigenen (kostengünstigeren) Mitteln nicht rechtzeitig erfüllen konnte, sind auch die Mehrkosten privaten Eingreifens zu erstatten[58].

f) Kosten privater Rechtsverfolgung

Das Kriterium der Erforderlichkeit der Aufwendung grenzt ferner den Ausgleichsanspruch wegen der Erfüllung behördlicher (Pflicht-) Aufgaben gegen Ansprüche auf Ersatz der Kosten privater Rechtsverfolgung ab.

Die Notwendigkeit der Unterscheidung erhellt aus dem Urteil, welches eine Stadt zur Bezahlung der von einem Verkehrsteilnehmer angefertigten Farbaufnahmen einer fehlerhaft geschalteten Verkehrsampel verpflichtete[59]. Hier war die Straßenverkehrsbehörde, die auf einfache Beschwerden nicht reagiert hatte, erst tätig geworden, nachdem die Bilder vorgelegt wurden. Diese Entscheidung ist nicht in dem Sinne zu verallgemeinern, daß der Bürger Ersatz aller Aufwendungen verlangen kann, die dazu erforderlich sind, die Behörde zu einem pflichtgemäßen Verhalten zu bewegen. Tatsächlich kann dem Urteil nur unter der Voraussetzung zugestimmt werden, daß die bloße Einnahme des Augenscheins nicht ausreichte, den Fehler festzustellen, so daß die Behörde selbst mindestens den Urteilsbetrag von 28,— DM dazu aufgewandt hätte. Die Kosten der Rechtsverfolgung des Bürgers sind nämlich nur im Rahmen des Verwaltungsgerichtsverfahrens oder des Vorverfahrens erstattungsfähig[60]. Weil dies materiellrechtlich das Vorhandensein eines subjektiven öffentlichen Rechts voraussetzt, ist der Kostenersatz ausgeschlossen, wenn der Bürger in anderen Bereichen einem pflichtwidrigen behördlichen Verhalten abzuhelfen sucht, etwa indem er Rechtsanwälte beauftragt, Sachverständigengutachten einholt oder eine Anzeigenkampagne unternimmt. Die Begrenzung des primären Rechtsschutzsystems, die mit der Ablehnung der Popularklage verbunden ist, bewirkt also, daß private Initiative gegen behördliche Unterlassungen auf eigene Kosten geht.

---

[56] *KG* JW 1932, 3362: Überflüssiger privater Krankentransport.

[57] *KG* JW 1932, 3362 prüft daher, ob die Stadt Benzinkosten erspart hat.

[58] Dazu näher unten § 3 II 3 b cc.

[59] *LG Wiesbaden* DAR 1970, 130.

[60] VwGO §§ 154, 162, 73 Abs. 3 S. 2.

3. Rechtfertigung privaten Eingreifens

a) Herrschende Meinung

Das private Eingreifen an Stelle einer Behörde bedarf nach einhelliger herrschender Meinung einer besonderen Rechtfertigung. Nach überwiegender Ansicht haftet die Behörde nur unter den Voraussetzungen des § 679 BGB, d. h. in Dringlichkeitsfällen, wenn sie selbst ihre Pflicht nicht rechtzeitig erfüllt hätte[61]. Zusätzlich wird ein behördliches Interesse gerade daran, daß der Privatmann handelt, gefordert[62]. Freund will Aufwendungsersatz erst gewähren, wenn die Behörde am eigenen Eingreifen verhindert ist[63]. Die Gerichte haben die private Geschäftsführung ohne Auftrag für die Verwaltung nur unter den Bedingungen des § 679 BGB anerkannt[64]. Freilich haben sie Bereicherungsansprüche gewährt, wo diese Voraussetzung nicht erfüllt war[65]. Stärkster Beweis für die Richtigkeit der herrschenden Meinung scheint ein Urteil zu sein, welches mit der Begründung fehlender Eilbedürftigkeit die Klage einer nicht zugelassenen Hebamme gegen eine Krankenkasse abwies, obwohl letztere die Vergütung einer zugelassenen Hebamme erspart hatte[66]. Die Privatperson, die sich unbefugt eingemischt hat, wird hier scheinbar mit einem Anspruchsverlust bestraft. Die Vorschrift des § 121 BSHG, derzufolge sich Private nur wegen der in Eilfällen gewährten Unterstützung an den Sozialhilfeträger halten können, spricht ebenfalls prima facie für das Erfordernis einer besonderen rechtfertigenden Notwendigkeit privaten Eingreifens.

b) Der Inhalt der behördlichen Pflicht

Die genauere Prüfung der einzelnen Fälle zeigt indessen, daß wiederum der konkrete Inhalt der behördlichen Pflicht, die vom Privatmann erfüllt wird, entscheidend ist. Dogmatisch richtig ist die Dringlichkeit nicht als Rechtfertigung des privaten Eingriffs in die behördliche Zuständigkeit, sondern als Erweiterung der behördlichen Pflicht gegenüber dem einzelnen Leistungsempfänger oder der Allgemeinheit zu verstehen.

---

[61] *H. H. Klein* DVBl 1968, 165, 169; *Hoepffner*, Diss. 1972, 162.

[62] *BVerwG* BBauBl 1962, 454; *BayVGH* VerwRspr 24, 542, 546. Allg. *Staudinger / Nipperdey*, BGB, § 679 Rn. 9, der aber zutr. einräumt, daß die restriktive Auslegung vom Wortlaut des § 679 BGB nicht gefordert wird.

[63] JZ 1975, 513, 518.

[64] Nachw. in Fußn. 18 - 20, 34, 35.

[65] *LG Berlin, OLG Kiel* in Fußn. 23.

[66] *LG Frankfurt/O.* KGBl 1918, 89; dazu sogleich bei Fußn. 68.

aa) Sozialhilferecht

Im Sozialhilferecht entsteht der Anspruch des Empfängers nach § 5 BSHG frühestens mit Kenntniserlangung der Behörde des Sozialhilfeträgers. Damit sind Ansprüche für die Vergangenheit ausgeschlossen. Dieser Regelung liegt das seit jeher im Armen- und Fürsorgewesen geltende Prinzip zugrunde, daß die öffentliche Hand nur die aktuelle Bedürftigkeit zu beheben hat. Sie haftet keineswegs für die Schulden des Empfängers, die er etwa zur Erlangung von Nahrung, Wohnung und ärztlicher Behandlung eingegangen ist[67]. Wenn nun § 121 BSHG einem Dritten, der im Eilfall Hilfe gewährt, dennoch einen Ausgleichsanspruch gibt, wird die Haftung der Behörde auf die Zeit vor Kenntniserlangung vorverlegt. Die Dringlichkeit des Falles erweitert damit die normale Verpflichtung des Sozialhilfeträgers.

bb) Gesetzliche Krankenversicherung

In der gesetzlichen Krankenversicherung hat der Versicherte Anspruch auf Heilungsmaßnahmen allein durch die zugelassenen Ärzte und die vertraglich verbundenen Krankenhäuser. „Nur in Notfällen" dürfen nach § 368 d Abs. 1 S. 2 RVO nicht zugelassene Ärzte hinzugezogen werden. Wenn die Tätigkeit eines Privaten, der außerhalb des dem Sozialversicherungsträger verbundenen Systems der Kassenärzte steht, notwendig ist, um die ärztliche Versorgung im Notfall zu gewährleisten, erstreckt sich der Anspruch des Versicherten auch auf die Bezahlung eines Nichtkassenarztes[68]. Der Dringlichkeitsfall erweitert wiederum die behördliche Verpflichtung.

Infolge dieser Begrenzung der Rechte des Versicherten wurde die Klage einer nicht zugelassenen Hebamme, die nicht im Eilfall tätig geworden war, zutreffend abgewiesen[69]. Die Mütter hatten nicht Anspruch auf Bezahlung einer Hebamme überhaupt, sondern lediglich auf die persönliche Leistung einer zugelassenen Hebamme (§ 196 Abs. 2 RVO). Wenn die nicht zugelassene Hebamme nun im Ergebnis keine Vergütung für ihre an sich geldwerte Leistung erhielt, so liegt das entweder daran, daß sie von den Müttern „privat" aufgrund Dienstvertrages hinzugezogen wurde. In diesem Fall beruht die Ersparnis der beklagten Kasse auf dem Verzicht der Versicherten auf die ihnen zustehende öffentlich-rechtliche Leistung. Die Hebamme müßte sich dann an die Mütter als ihre Vertragspartner halten. Wenn sie aber, was wahrscheinlich ist, die Mütter über den Verlust ihrer Kassenzulassung täuschte, entstand gegen diese kein vertraglicher Entgeltanspruch. Eine Bereicherungshaftung für die vertragslos erbrachten Dienste entfiel, weil die Mütter die Leistung kostenlos von der Kasse erhalten hätten, so daß sie nicht bereichert waren (§ 818 III BGB). Im Verhältnis zur Kasse beruht der Verlust ihres an sich erarbeiteten Lohns darauf, daß sie die Kasse nicht von einer Verpflichtung befreite, weil letztere nur die Bereitstellung zugelassener Hebammen umfaßte. Das Zulassungssystem der gesetzlichen Krankenversicherung macht deren Verpflichtung mithin zivilrechtlich gesehen zu einer höchstpersönlichen, die außer im Dringlichkeitsfall von einem Dritten nicht zu erfüllen ist.

---

[67] *Wohlers / Krech; Graeffner / Simm* (Fußn. 21). Vgl. *Wolff*, VerwR III (3. Aufl. 1973) § 148 I c 1.

[68] Für Krankenhäuser § 371 RVO.

[69] *LG Frankfurt/O.* KGBl 1918, 89.

cc) Der Zielkonflikt des Verwaltungshandelns

Allgemein wird daraus deutlich, daß hier ein Zielkonflikt des Verwaltungshandelns zu lösen ist. Einesteils haben die Behörden ihre Sachaufgaben zu erfüllen: der Bedürftigkeit abzuhelfen, Heilung in Krankheit zu verschaffen, Straßen zu bauen u. a. Andererseits müssen sie dies in einem bestimmten Verfahren erledigen: aufgrund Antrags, nach Sachprüfung und Erlaß von Leistungsbescheiden u. a. m. Diese formelle Seite des Verwaltungshandelns hat besondere Bedeutung, weil sie die organisatorische Bewältigung oft massenhaft anfallender Vorgänge, die Kontrolle der gesetzesmäßigen Gleichbehandlung und die finanzielle Planung sichert. Diese verfahrensmäßigen Voraussetzungen der behördlichen Pflichterfüllung kollidieren mit dem materiellen Ziel der Erledigung der Sachaufgaben, wenn letztere im normalen Verfahren nicht rechtzeitig erledigt werden können. Insoweit kann im Not- und Eilfall eine notstandsähnliche Situation entstehen, bei der das formelle Interesse an der Einhaltung des gewöhnlichen Verwaltungsverfahrens zurücktreten muß.

Für den Ausgleichsanspruch eines Privatmanns, dessen unbeauftragtes Eingreifen stets das behördliche Verfahren durchbricht, folgt daraus zunächst, daß die Behörde im Dringlichkeitsfall seine Aufwendungen voll zu ersetzen und ihn ggf. zu vergüten hat, auch wenn sie selbst geringere Kosten gehabt hätte. Dieses herkömmlich aus § 679 BGB begründete Ergebnis rechtfertigt sich inhaltlich aus dem Prinzip des Notstandshandelns, daß die Erreichung der materiellen Verwaltungsziele den Vorrang vor den behördlichen Verfahrensinteressen hat. Das konkrete Maß der Dringlichkeit, die privates Eingreifen verlangt, muß jeweils im Hinblick auf die gesetzlichen Aufgaben der Behörde im Einzelfall unter Abwägung gegen die Bedeutung des Verfahrens festgestellt werden.

Wenn keine Dringlichkeit privaten Handelns vorliegt, ist ebenfalls unter Abwägung dieser Gesichtspunkte zu entscheiden, ob überhaupt kein Ausgleich stattfindet oder ob die Behörde wenigstens die ersparten Kosten, die sie bei eigenem Handeln gehabt hätte, zu ersetzen hat. Das hängt davon ab, ob nach Sinn und Zweck des jeweils auszuführenden Gesetzes die Verpflichtung der Behörde eine höchstpersönliche ist, so daß sie — außer im Notstandsfall — überhaupt von keinem Privaten erfüllt werden kann, oder ob die Aufgabenerledigung vertretbar ist. Das Sozialleistungsrecht gehört, wie wir sahen, zum ersteren Bereich höchstpersönlicher behördlicher Verpflichtung. Straßen- und Wegebau, öffentliche Versorgungseinrichtungen und andere Gebiete, in denen schon gewöhnlich private Unternehmer zur Ausführung der Verwaltungsaufgaben hinzugezogen werden, dürften dagegen dem letzteren Bereich zuzurechnen sein. Entgegen der herrschenden Lehre, die Einheitslösungen vertritt und dogmatisch den falschen Akzent auf die Rechtfertigung des eingreifenden Dritten legt, richten sich also Existenz und Umfang privater Ausgleichansprüche nach dem jeweiligen Maß der behördlichen Verpflichtung.

III. Rechtsweg und Rechtsnatur des Ersatzanspruchs

Der Rechtsweg und die Rechtsnatur des Ersatzanspruchs wegen der freiwilligen Erfüllung von Verwaltungsaufgaben durch Privatpersonen hängen davon ab, ob der Ausgleich zwischen Bürger und Behörde dem öffentlichen oder dem bürgerlichen Recht zuzuordnen ist. Für beide Lösungen lassen sich Gesichtspunkte anführen, von denen prima facie keiner zwingend ist. Weil das private Handeln ohne Auftrag der Behörde nicht in die Verwaltungsorganisation integriert ist, bleibt es als solches dem Privatrecht unterworfen, was ja für Tätigkeiten wie das Fotografieren einer Verkehrsampel oder die ärztliche Behandlung eines Hilfsbedürftigen augenscheinlich ist. Andererseits beruht die als Grund der behördlichen Haftung geltend gemachte Pflicht dem öffentlichen Recht an. Treffend sprach darum ein Gericht im Jahre 1875 von „gemischter Competenz“[70]. Dennoch sahen die ordentlichen Gerichte das privatrechtliche Element, namentlich die Anspruchsgrundlage der negotiorum gestio als überwiegend an. Die öffentlichrechtliche Verpflichtung der Behörde sank zur „Vorfrage“ herab[71]. In dieser Tradition wird die private Tätigkeit für Behörden noch von solchen Autoren, die den Privatmann nicht als unbeauftragten Geschäftsführer der Verwaltung kraft öffentlichen Rechts anerkennen, gleichwohl als privatrechtliche Geschäftsführung ohne Auftrag zugelassen[72]. Zum gleichen Ergebnis kommen Stimmen, welche die Rechtsnatur der Geschäftsführung nach der Tätigkeit des Geschäftsführers qualifizieren[73].

Wie beim Rückgriff zwischen Behörden muß indessen die öffentlichrechtliche Grundlage der behördlichen Pflicht den Ausschlag dafür geben, daß hier öffentlich-rechtliche Streitigkeiten i. S. d. § 40 Abs. 1 VwGO vorliegen[74]. Die Erstattungspflicht gegenüber dem Privatmann ist eine Folge davon, daß die Behörde die ihr obliegende Pflicht nicht erfüllt hat. Unter dem Gesichtspunkt des Abwicklungszusammenhangs

---

70 *Sächs. Competenz-Commission* (1875 Fußn. 18 S. 185).

71 *RGZ* 150, 81, 85. Ferner die Rspr. in Fußn. 18 - 20, 22.

72 *Jellinek*, Verwaltungsrecht 239; *Tiedau* DÖV 1952, 164, 165.

73 *Hamann* NJW 1955, 481, 482 f.; *Schack* JZ 1966, 640, 641.

74 *H. H. Klein* DVBl 1968, 165, 169; *Hoepffner*, Diss. 1972, 174 f. *BVerwG* BBauBl 1962, 454; *OVG Lüneburg* VerwRspr 15, 799; *BVerwG* 27, 314. Vgl. auch *BayVGH* VerwRspr 24, 542.

muß deshalb darüber die gleiche Gerichtsbarkeit entscheiden, die für die primären Ansprüche gegen die Verwaltung zuständig ist. Dieses Prinzip ist gesetzlich verwirklicht für diejenigen Rückgriffsansprüche, die früher aus negotiorum gestio gegen Fürsorgeträger und Krankenkassen hergeleitet wurden; hier ist heute der Verwaltungs- bzw. Sozialrechtsweg gegeben[75]. Infolgedessen richtet sich der Rechtsweg im Einzelfall nach der Rechtsnatur der behördlichen Pflicht, gleich ob diese von einer unzuständigen Behörde oder einer Privatperson erfüllt wurde[76]. Wenn Behörden klagen, erübrigt sich daher die Prüfung, ob diese in öffentlich-rechtlicher oder privatrechtlicher Form gehandelt haben. Wo die von einem anderen als der zuständigen Behörde erfüllte Pflicht auf öffentlichem Recht beruht, gehört auch der Rückgriffsanspruch in das öffentliche Recht.

IV. Die Anspruchsgrundlage

Wie beim Rückgriff zwischen Behörden stellt sich die Frage, ob der private Ersatzanspruch wegen der freiwilligen Erfüllung von Verwaltungsaufgaben aus öffentlich-rechtlicher Geschäftsführung ohne Auftrag oder mit Hilfe des Erstattungsanspruchs zu begründen ist. Hier wie dort greifen die gleichen Gesichtspunkte für die letztere Anspruchsgrundlage durch, was freilich im Schrifttum für diesen Tatbestand noch nicht einmal untersucht wurde. Die Literatur bietet vielmehr als einzige Alternative die privatrechtliche Geschäftsführung ohne Auftrag an[77].

1. Erstattungsanspruch

Die vorgeschlagene Lösung setzt zunächst voraus, daß der öffentlich-rechtliche Erstattungsanspruch überhaupt die freiwillige Erfüllung von Verwaltungsaufgaben erfaßt. In der Tat hat das Schrifttum bei den privaten Ansprüchen gegen Behörden nur den klassischen Fall der Rückforderung einer zu Unrecht aufgrund unwirksamen Verwaltungsakts erbrachten Leistung behandelt[78]. Die Gerichte haben den Erstattungsanspruch jedoch auch auf Tatbestände angewandt, die privatrechtlich als unbeauftragte Führung von Geschäften der öffentlichen

---

[75] Zu § 121 BSHG: § 188 VwGO; ferner *Wolff*, VerwR III § 148 V b 3; *Gottschick / Giese*, BSHG, § 121 Anm. 6. — Zu § 368 d RVO: *BSG* 15, 169; *BSG* 19, 270; *Peters* (Fußn. 24); *Wolff*, VerwR III § 140 IV a.

[76] Vgl. oben § 2 V 2. Abzulehnen wieder die privatrechtl. Einordnung der Verkehrssicherungspflicht in *LG Wiesbaden* DAR 1970, 130.

[77] Nachw. in Fußn. 72, 73.

[78] Vgl. *Lassar*, Erstattungsanspruch 94 ff., 105 ff.; *E. Weber*, Erstattungsanspruch 122-5; *Wallerath* DÖV 1972, 221 ff.

Verwaltung anzusehen sind, namentlich bei Verwendungen auf öffentliche Sachen. So verfuhren Urteile, welche die Anwendung der §§ 683, 679 BGB entweder generell ablehnten[79] oder im Einzelfall verneinten[80] oder sie überhaupt nicht erwähnten[81]. Diese Entscheidungen setzen konsequent die ältere bürgerlichrechtliche Praxis fort, nach der Bereicherungsansprüche, wie von § 684 S. 1 BGB vorgeschrieben, geprüft wurden, wenn die Voraussetzungen des § 683 BGB verneint worden waren[82].

2. Verhältnis zur Geschäftsführung ohne Auftrag

Wenn der Erstattungsanspruch die private unbeauftragte Tätigkeit für Behörden demnach erfassen kann, so hängt die Anwendbarkeit der Geschäftsführung ohne Auftrag wiederum von dem *Konkurrenzverhältnis* beider Anspruchsgrundlagen ab[83].

a) Die Entbehrlichkeit des *Geschäftsführungswillens* als entscheidungsrelevantes Tatbestandsmerkmal zeigt sich hier am Rückgriffsanspruch aus § 121 BSHG, der ganz auf subjektive Anspruchsvoraussetzungen verzichtet, obwohl er die Tradition der negotiorum gestio (teilweise) fortsetzt[84]. Ein Arzt, der einen Bedürftigen im Eilfall behandelt, hat danach einen Vergütungsanspruch gegen den Sozialhilfeträger ohne Rücksicht darauf, ob er dessen Verpflichtung kannte. Wenn er z. B. von der Mittellosigkeit des Patienten nichts weiß und ihn „privat" aufgrund Dienstvertrags behandelt, führt er sein eigenes Geschäft[85]. Wenn der Patient vorspiegelt, einer gesetzlichen Krankenkasse anzugehören, glaubt der Arzt, seiner eigenen Behandlungspflicht gegenüber der Kassenärztlichen Vereinigung zu genügen. Es leuchtet ohne weiteres ein, daß seine Vergütung von solchen Zufällen nicht abhängig sein darf. Nach bürgerlichem Recht steht denn auch demjenigen, der ein

---

79 *OVG Münster* Gemeinde 1962, 40.

80 *BayVGH* VerwRspr 24, 542, 547.

81 *OVG Münster* DVBl 1970, 840 (6. 10. 1969): Erschließungsvertrag teilweise unwirksam, da Gemeinde keine Kostenbeteiligung übernommen hat. Der private Erschließungsträger hat insoweit einen Erstattungsanspruch, weil er die Gemeinde von ihrer aus § 129 Abs. 1 S. 3 BBauG folgenden Kostenlast befreit hat. Privatrechtlich ist der Erschließungsvertrag i. S. d. § 123 BBauG als Geschäftsbesorgungsvertrag anzusehen, weil der private Träger hinsichtlich des Anteils der Gemeinde auf deren Rechnung handelt. So im Erg. zutr. *BGHZ* 61, 359, 362 f. (8. 11. 1973); vgl. *Wollschläger,* GoA 163. — Ferner: *OVG Münster* VerwRspr 22, 568: Erstattungsanspruch wegen Verwendungen eines Markthallenbenutzers auf seinen Stand (klagabw.).

82 *KG* OLGRspr 5, 310, 312; *LG Berlin I* KGBl 1906, 104; *OLG Kiel* SchlHA 1919, 234. — Ebenso *OVG Lüneburg* VerwRspr 15, 799.

83 Vgl. oben § 2 III 4.

84 Zur Verwaltungstradition oben Fußn. 21.

85 *Wollschläger,* GoA 207 ff. Vgl. oben § 3 I 3.

fremdes Geschäft irrtümlich als eigenes führt, ein Bereicherungsanspruch zu[86].

b) Hinsichtlich des *Umfangs* kann auch im Verhältnis von Privatperson und Behörde kein Unterschied zwischen Erstattungsanspruch und Aufwendungsersatzanspruch aus §§ 683, 679 BGB bestehen. Zum einen kann sich die Behörde nicht auf den Fortfall der Bereicherung berufen, weil sie von der Erfüllung einer Pflicht befreit ist und diese Ersparnis nicht entfallen kann. Allgemein verdient die Verwaltung den in § 818 Abs. 3 BGB gewährten Vertrauensschutz im Verhältnis zum Bürger noch viel weniger als zu Behörden[87].

Der Erstattungsanspruch umfaßt sogar die ersatzfähigen Mehrkosten privaten Eingreifens, die einer Behörde bei eigener Tätigkeit nicht erwachsen wären. Wenn nämlich ihre Verpflichtung im Dringlichkeitsfall darin bestand, sofort unter Zuhilfenahme eines Privatmanns zu handeln, ist sie durch dessen Eingreifen in eben diesem Umfang von einer gesteigerten Pflicht befreit worden. Die Vermögensverschiebung (das erlangte Etwas i. S. d. § 812 BGB) entspricht demnach stets den nach §§ 683, 670 BGB zu ersetzenden erforderlichen Aufwendungen des Geschäftsführers. Der in der Formulierung der Anspruchsgegenstände des BGB angelegte Unterschied, daß der Aufwendungsersatzanspruch an die Vermögens*minderung* des Handelnden, der Bereicherungsanspruch dagegen an die Vermögens*mehrung* des Empfängers anknüpft, hat wie wir für die Rückgriffsfälle des bürgerlichen Rechts gezeigt haben, keine praktische Bedeutung[88]. Im öffentlichen Recht besteht deshalb kein Grund, die redundante Differenzierung der Anspruchsgrundlagen des BGB beizubehalten.

c) Im *Ergebnis* ist demnach auch der Ausgleich für private Aufwendungen für Behörden auf den Erstattungsanspruch zu stützen. Zur Unterscheidung von den weitaus häufigeren Rückforderungsfällen empfiehlt es sich, diese Erscheinungsform als „Erstattungsanspruch wegen der freiwilligen Erfüllung von Verwaltungsaufgaben durch Privatpersonen" zu kennzeichnen.

---

[86] So noch ausdrücklich BGB E I § 761 Abs. 2; heute ein Fall der Rückgriffs- oder Verwendungskondiktion.

[87] *OVG Hamburg* VerwRspr 19, 923 (3. 4. 1968) lehnt die entspr. Anwendung des § 818 Abs. 3 BGB auf den Rückforderungserstattungsanspruch eines Privaten zutr. ab. Zust. *H. Weber* JuS 1970, 169, 173. Allg. *Wolff / Bachof*, VerwR I § 44 I b 6 α; *E. Weber*, Erstattungsanspruch 124 f.

[88] *Wollschläger*, GoA 86 ff., 100 f., 122 f., 139 ff., 321.

§ 4. Der Rückgriff von Behörden wegen der Erfüllung fremder privatrechtlicher Pflichten

I. Überblick

Die im folgenden betrachteten Fälle sind dadurch gekennzeichnet, daß eine Behörde Rückgriff nahm mit der Behauptung, sie habe durch Erfüllung einer privatrechtlichen Pflicht des Beklagten dessen Geschäft geführt. Die Klagen richteten sich zuallermeist gegen Privatpersonen. Dazu kommen einige Prozesse zwischen Behörden, in denen um die Erfüllung privatrechtlicher Pflichten gestritten wurde, weil der öffentlich-rechtliche (Rückgriffs-)Erstattungsanspruch insoweit nicht eingreift[1]. Ferner sind zwei Urteile zu nennen, die über den Ersatz behördlicher Verwendungen auf privates Eigentum und das Finanzvermögen einer Gemeinde entschieden[2]. Aus dem Bereich, der herkömmlich als auftraglose Geschäftsführung von Behörden für Privatpersonen angesehen wird, scheiden damit die anschließend erörterte Ersatzvornahme aus[3] sowie diejenigen ganz in das Privatrecht gehörigen Fälle, in denen Behörden Schadensersatzansprüche im Gewande des § 683 BGB verfolgten[4].

Das Schrifttum bejaht die Möglichkeit, daß eine Behörde ohne Auftrag Geschäfte eines Bürgers führt, fast einhellig[5]. Die Judikatur dieser Fallgruppe reicht in der Tat bis 1860 zurück[6]. Dennoch erweist sich auch

---

[1] Oben § 2 IV 2.

[2] *RGZ* 130, 310: Bezirkswohnungsverband führt Bauten eines von der Gemeinde übernommenen Unternehmens fort. — *OLG Hamburg* MDR 1950, 617 (13. 4. 1950); *OLG Neustadt* MDR 1953, 230 (29. 11. 1952): Gemeinden setzen private Wohnung auf Anordnung der Besatzungsmacht instand. Der Inhaber haftet nur auf die noch vorhandenen wertsteigernden Verbesserungen nach §§ 812, 818 Abs. 3 BGB. Beide Fälle bieten keine öff.-r. Besonderheit, da die Haftung auf der Wertsteigerung des privaten Eigentums beruht.

[3] Unten § 5 II.

[4] *Wollschläger*, GoA 170 ff.

[5] *Staudinger / Nipperdey*, BGB, Rn. 69 vor § 677; *Soergel / Mühl*, BGB, Rn. 4 vor § 677; *Erman / Hauß*, BGB, Rn. 24 vor § 677; *Palandt / Thomas*, BGB, § 677 Anm. 2 a; *Wolff / Bachof*, VerwR I § 44 I b 5; *Tiedau* DÖV 1952, 164, 165; *Hurst* DVBl 1965, 757, 759; *H. H. Klein* DVBl 1968, 165, 168 ff. — Abl. *Rietdorf* DÖV 1966, 253, 254; *Neuffer*, Der pflichtengebundene Geschäftsführer ohne Auftrag 133 ff.

[6] Zuerst *Cassationshof Wolfenbüttel* BraunschwZ 1861, 100, 103 (27. 4. 1860): Gemeinde ./. Unterhaltspflichtigen.

dieser Anwendungsbereich der negotiorum gestio als beinahe totes Recht, wenn die Aktualität der Entscheidungen überprüft wird. Die allermeisten Tatbestände entstammen dem Sozialleistungsrecht, das heute den Rückgriff der Behörde gegen unterhalts- und schadensersatzpflichtige Personen gesetzlich regelt. Einige Prozesse sind durch Nachkriegssituationen veranlaßt[7]. Die Entscheidungen des Reichsgerichts zum bekannten Fuldaer Dombrandfall bleiben als die einzigen übrig, die ein vorläufig noch nicht überholtes Sachproblem lösen und dabei u. E. zutreffend die §§ 683, 679 BGB anwenden[8]; die ganz herrschende Lehre sieht freilich gerade diese Regreßansprüche als „wissenschaftlich überholt" an[9].

Das von den Rückgriffstatbeständen des Sozialleistungsrechts wie auch vom Fuldaer Dombrandfall gestellte Sachproblem betrifft das Rang- oder Stufenverhältnis einer öffentlich-rechtlichen und einer privatrechtlichen Leistungspflicht, die beide auf den gleichen Erfolg gerichtet sind. Hier ist nämlich zu entscheiden, wer im Verhältnis der beiden Verpflichteten der endgültige Kostenträger ist. Dabei ist es heute zwar in der Sache klar, daß z. B. der Wiederaufbau des Doms durch den kirchenbaulastpflichtigen Fiskus die fahrlässigen Verursacher des Brandes nicht von ihrer Schadensersatzpflicht befreien sollte. Dieses Ergebnis ist jedoch gesetzlich nirgends fixiert, so daß die dogmatische Begründung des Rückgriffs nach wie vor schwierig ist. Zudem fragt es sich allgemein, inwieweit überhaupt die Kosten öffentlich-rechtlicher Leistungen mittels der §§ 683, 812 BGB auf Privatpersonen abgewälzt werden können, wenn dazu in dem leistungsgewährenden Gesetz nichts gesagt ist.

II. Der Rückgriff des Sozialhilfeträgers gegen Privatpersonen

1. Gegen Unterhaltspflichtige

Im 19. Jahrhundert konnten Armenverbände, die unterhaltsberechtigte Bedürftige unterstützt hatten, nach gemeinem Recht aus nego-

---

[7] *OLG Hamburg* HansRZ 1921, 220 (17. 1. 1921): Reich repariert beschlagnahmtes ausländisches Schiff, das von Bekl. beschädigt war; Regreß aus GoA. — *OLG Stuttgart* WürttZ 1925 SprBeil 139 (20. 10. 1925): Reich repariert Kfz. der Besatzungsmacht; Regreß gegen Schädiger aus § 255 BGB; GoA verneint.

[8] *RGZ* 82, 206 (26. 4. 1913); zweite Revision *RG* JW 1915, 206 (4. 1. 1915 teilw. in RGZ 86, 96). Die Aktualität des Falles ist dadurch begrenzt, daß Kirchenbaulasten als Staatsleistungen an Kirchen gem. Art. 138 Abs. 1 WRV i. V. m. Art. 140 GG durch Staatskirchenverträge abgelöst werden. Dazu allg. *Isensee* in: Hdb. d. Staatskirchenrechts II (1975) 51 ff., 72 ff.

[9] Statt aller *Ehmann*, Gesamtschuld (1972) 93 f., 300, 318. Dagegen *Wollschläger*, GoA 113, 116 ff.

tiorum gestio Kostenersatz vom Unterhaltspflichtigen verlangen[10]. Das naheliegende Vorbild für die Anwendung dieser Klage war der Unterhaltsregreß eines privaten Dritten, etwa der nichtehelichen Mutter gegen den Vater oder der Großeltern gegen einen Ehemann, der Frau und Kinder vernachlässigte. Die gemeinrechtliche Praxis hatte den Dritten seit jeher als auftraglosen Geschäftsführer des Unterhaltspflichtigen angesehen, ohne daß auf den entgegenstehenden Willen des letzteren Rücksicht genommen wurde[11]. Den Gerichten war dies so geläufig, daß noch die erste gesetzliche Regelung des Rückgriffs des Armenverbandes gegen Privatpersonen als Spezialfall der negotiorum gestio aufgefaßt wurde[12]. Später setzte sich freilich die Ansicht durch, daß die Gemeinden nicht aus eigenem Recht klagten, sondern den gesetzlich auf sie übergeleiteten Anspruch verfolgten[13]. Dogmengeschichtlich bedeutet dies eine Ablösung der aus dem römischen Recht überlieferten Regreßgrundlage durch die neuzeitliche Legalzession, die in der Gesetzgebung bevorzugt eingesetzt wird. An diese Form knüpft noch die Anspruchsüberleitung durch Verwaltungsakt nach §§ 90, 91 BSHG an[14]. Sie vermeidet die dem Rückgriff aus negotiorum gestio und Legalzession eigene Härte, daß der Unterhaltsschuldner vom Beginn der öffentlichen Leistungsgewähr an ohne sein Wissen haftet, so daß er seine eigene Lebensführung nicht auf die erhöhte Belastung mit Unterhaltspflichten einstellen kann. Wegen dieses Schutzzwecks der Überleitungsanzeige versteht es sich heute von selbst, daß die §§ 683, 812 BGB neben der Spezialregelung nicht angewandt werden dürfen[15].

Das Problem des Rang- oder Stufenverhältnisses zweier Verbindlichkeiten zeigt sich hier in einfacher Form. Vor der gesetzlichen Re-

---

10 *Cassationshof Wolfenbüttel* (1860 Fußn. 6); *OLG Karlsruhe* BadAnn 46, 66 (5. 11. 1879); *OLG Dresden* AnnSächsOLG 17, 361 (24. 6. 1895); *KG* SeuffArch 63 Nr. 42 (4. 10. 1907); *OLG München* SeuffArch 66 Nr. 230 (22. 6. 1910). — *PrObTrib* Striethorst 62, 134 (5. 2. 1866) begründet den Regreß mit Hilfe der Versionsklage aus ALR I 13 § 268.

11 Nachw. bei *Wollschläger,* GoA 128 ff.

12 *OLG Hamburg* SeuffArch 48 Nr. 86 (10. 6. 1892); *KG* (1907 Fußn. 10); *OLG München* (1910 Fußn. 10). Noch unentschieden *LG Hamburg* HansGZ 1895 B 137 (12. 10. 1894); *LG Hamburg* HansGZ 1895 B 140 (5. 4. 1895). Der Grund der Unsicherheit liegt darin, daß die Regreßvorschrift (§ 62 UnterstützungswohnsitzG 1870) noch nicht von einer Legalzession sprach. Es hieß nur, der Ortsarmenverband könne vom Unterhaltspflichtigen Ersatz „in demselben Maaße und unter denselben Voraussetzungen“ verlangen wie der Unterstützte.

13 *RGZ* 2, 45 (30. 6. 1880); *OLG Darmstadt* Kah 1, 355, 357 (21. 5. 1881): *OLG Kiel* OLGRspr 14, 32 (10. 5. 1906); *RGZ* 72, 334 (23. 12. 1909); *RGZ* 74, 274, 275 (15. 10. 1910).

14 Ähnl. bereits § 23 FürsorgePflVO.

15 *BGHZ* 33, 243, 245 (7. 11. 1960); dazu bei Fußn. 17. Anders noch *OLG Stuttgart* WürttZ 1928 SprBeil 18 (12. 12. 1927); *LG Berlin* JW 1938, 2350 (25. 5. 1938); dazu Fußn. 18.

gelung des Rückgriffs waren positiv nur die private Unterhaltspflicht und die öffentlich-rechtliche Leistungspflicht normiert. Beide gingen auf den gleichen Erfolg, die Befriedigung der Lebensbedürfnisse, so daß der Empfänger nicht Armenunterstützung und zusätzlich Unterhalt erhalten sollte. Hinsichtlich des Rangverhältnisses bestand eine Gesetzeslücke, die mit Hilfe der negotiorum gestio gefüllt wurde. Wenn die Gerichte die Unterstützung zum Geschäft des Unterhaltspflichtigen erklärten, folgten sie dem seit jeher im Armenwesen praktizierten Prinzip des Nachrangs der öffentlichen Fürsorge: Der säumige Unterhaltsschuldner sollte nicht auf öffentliche Kosten entlastet werden[16]. Dogmatisch bemerkenswert ist daran besonders der Umstand, daß das Geschäft allein im Hinblick auf die Innehabung der endgültigen Kostenlast bestimmt wurde. Die eigene öffentlich-rechtliche Verpflichtung des regreßnehmenden Armenverbandes blieb außer Betracht.

2. Gegen Schadensersatzpflichtige

Der Bundesgerichtshof hielt an dem Vorrang der Überleitungsregelung des § 90 BSHG auch für das Verhältnis des Sozialhilfeträgers zum Schadensersatzpflichtigen fest[17]. Er wies deshalb die Klage einer Gemeinde, die ein Verkehrsunfallopfer unterstützt hatte, gegen den haftpflichtigen Verursacher des Unfalls ab. Die Anspruchsüberleitung hatte hier nicht zum Erfolg geführt, weil der Empfänger gegenüber dem Verursacher auf seine Ansprüche verzichtet hatte. Diesem Urteil ist nicht zuzustimmen. Einmal trifft der Zweck der speziellen Regreßnorm des § 90 BSHG, Unterhaltspflichtige vor überraschenden Belastungen mit hohen Rückständen zu schützen, für den Schadensersatzpflichtigen nicht zu. Deshalb kann die weitergehende generelle Regreßnorm der §§ 683, 812 BGB daneben angewandt werden, wie es ein älteres Urteil getan hatte[18]. Selbst wenn man an der Spezialität des § 90 BSHG festhält, ist das Ergebnis nicht zu billigen. Sozialhilfeträger und Haftpflichtiger sind insofern, als beide auf Beseitigung der Unfallfolgen haften, Gesamtschuldnern gleichzustellen. Nach dem Prinzip, daß der Gläubiger die Stellung eines Gesamtschuldners nicht zu Lasten des anderen verbessern darf, war deshalb der Verzicht des Unfallopfers im Verhältnis zum Sozialhilfeträger nicht als wirksam anzusehen[19].

---

16 So ausdr. *Cassationshof Wolfenbüttel* (1860 Fußn. 6).

17 *BGHZ* 33, 243, 245.

18 *LG Berlin* JW 1938, 2350 setzte sich durch die Anwendung der §§ 683, 679 BGB über ein ersichtlich politisch motiviertes Gesetz hinweg, welches „alte Kämpfer" der NS-Bewegung von Regressen der Fürsorgeträger freistellte (§ 1 FürsorgebefreiungsG v. 22. 12. 1936, RGBl I 1125). Zu dieser Möglichkeit der Gesetzesumgehung allg. unten § 5 II 2 a.

19 Nachw. zur sehr str. Lösung dieses Problems bei *Palandt / Heinrichs*, BGB, § 426 Anm. 5.

III. Der Rentenregreß gegen den wiederaufgetauchten Verschollenen in der Kriegsopferversorgung

Anläßlich der beiden Weltkriege hatten die ordentlichen Gerichte zu entscheiden, ob Versorgungsleistungen, die der Staat an Angehörige von Soldaten erbracht hatte, vom Unterhaltspflichtigen aus §§ 683, 679 BGB wieder zu erstatten waren[20]. Die jüngere Rechtsprechung zum Rentenregreß gegen den „wiederauftauchenden Verschollenen"[21] ist zwar durch Zeitablauf und gesetzliche Regelung gegenstandslos geworden. Dennoch bleibt sie von erheblichem dogmatischen Interesse, weil sie zu einem Urteil des Bundesverfassungsgerichts führte, welches weiterhin als autoritative Stütze für die Anwendbarkeit der Geschäftsführung ohne Auftrag im öffentlichen Recht dient[22]. Diese Entscheidung bedarf zudem besonderer kritischer Würdigung, weil sie die Schwächen der herrschenden Lehre bei der Prüfung der §§ 683, 679 BGB deutlich offenbart. Die Urteilsbegründung steht insofern für viele andere, weil sie sich mit formelhaften Wendungen der Gesetzessubsumtion begnügt, statt die Sachprobleme des Rückgriffs und der Rückwirkung von Gesetzen zu erörtern und so die eigentlich tragenden Entscheidungsgründe offenzulegen.

In einem Normenkontrollverfahren war zu prüfen, ob eine Neufassung des Bundesversorgungsgesetzes, die rückwirkend gelten sollte, gegen das verfassungsrechtliche Verbot der Rückwirkung belastender Gesetze verstieß. Nach § 52 BVersG konnte eine Hinterbliebenenrente an Angehörige von verschollenen Soldaten bereits ohne Todeserklärung gezahlt werden, wenn mit dem Tod mit hoher Wahrscheinlichkeit zu rechnen war. Einige Totgeglaubte konnten nun in den Nachkriegsjahren mitunter lange Zeit „untertauchen", während ihre Ehefrauen und Kinder Renten bezogen. Da ein Rückgriff gegen den Unterhaltspflichtigen — insbesondere gegen nichteheliche Väter, deren Unterhaltspflicht nach § 1708 a. F. BGB trotz fehlender Leistungsfähigkeit bestand, — im BVersG a. F. nicht vorgesehen war, verlangten die Versorgungsämter Erstattung aus §§ 679, 683 BGB. Nachdem der Bundesgerichtshof zwei Klagen abgewiesen hatte[23], wurde dem § 52 BVersG eine Regreßregelung in der erklärten Absicht angefügt, diese Rechtsprechung nachträglich zu korrigieren[24]. Nach dem Neuordnungsgesetz „galt" die Rente „als auch zur Erfüllung der gesetzlichen Unterhaltspflicht gewährt";

---

[20] Zum Regreß wegen der Unterstützung durch Lieferungsverbände im I. Weltkrieg: *OLG Kiel* OLGRspr 36, 202 (4. 4. 1917); *OLG Hamburg* SeuffArch 74 Nr. 66 (30. 10. 1918); *OLG Königsberg* SeuffArch 75 Nr. 156 (22. 5. 1919).

[21] Dazu *Schmitz-Peiffer* NJW 1960, 1390; *Selb* NJW 1963, 2056; *von Caemmerer* NJW 1963, 1402; *Leuze* FamRZ 1963, 157; *ders.* FamRZ 1965, 544.

[22] *BVerfG* 18, 429, 436 (31. 3. 1965).

[23] *BGHZ* 28, 359, 365 (20. 11. 1958) ließ den Rückgriff nur unter den Voraussetzungen des § 170 b StGB i. V. m. § 823 Abs. 2 BGB zu. §§ 683, 812 BGB wurden mangels Tilgungswirkung der unter Vorbehalt gezahlten Rente verneint. Grundsätzl. abl. *BGHZ* 30, 162 (4. 6. 1959); *LG Berlin* NJW 1958, 831 (18. 2. 1958); *OLG Schleswig* SchHA 1959, 295 (10. 7. 1959).

[24] 1. NeuordnungsG zum BVG v. 27. 6. 1960 (BGBl I 453).

ferner wurde der Verschollene „zum Ersatz nach den Vorschriften über die Geschäftsführung ohne Auftrag" verpflichtet von dem Zeitpunkt an, wo er seiner Pflicht „aus von ihm zu vertretenden Gründen" nicht nachkam. Da die Regelung rückwirkend gelten sollte, mußte das Bundesverfassungsgericht prüfen, ob vor der Neufassung Regreßansprüche aus §§ 679, 683 BGB entgegen der Ansicht des BGH wirklich bestanden.

Das Bundesverfassungsgericht verneinte eine auftraglose Geschäftsführung der Versorgungsämter für den Unterhaltspflichtigen mit folgender Begründung: Nach einmütiger Ansicht müsse der Geschäftsbesorger das Bewußtsein und die Absicht haben, ein fremdes Geschäft zu besorgen, und dieser Wille müsse in den Fällen eines gegenständlich eigenen Geschäfts nach außen erkennbar in Erscheinung treten. Das Versorgungsamt habe mit der Rentenzahlung ein eigenes Geschäft, nicht ein fremdes besorgt, nämlich die Ausführung des Bundesversorgungsgesetzes. Sein Wille sei auch bei der Bewilligung und der Auszahlung der Rente objektiv auf die Erfüllung der eigenen Aufgabe und der gesetzlichen Leistungspflicht gegangen[25]. In diesen knappen Sätzen erschöpft sich die Prüfung der nach dem BGB bestehenden Rechtslage.

Die wortkarge Begründung folgt dem herrschenden Verständnis der §§ 677 ff. BGB insofern in typischer Form, als sie dem Geschäftsführungswillen die entscheidende Rolle innerhalb der Subsumtion zuweist. Das Geschäft wird ganz unspezifisch als Angelegenheit aufgefaßt, die schon deshalb eine eigene der Behörde ist, weil diese gesetzlich mit der Rentenzahlung befaßt ist. Warum aber der Geschäftsführungswille fehlt und was man darunter besonders beim Handeln eines Verwaltungsträgers zu verstehen habe, woran man ihn hätte erkennen können, wird nirgends gesagt. Das eigentliche Sachproblem, ob die Unterhaltslast letzten Endes vom Staat oder vom unterhaltspflichtigen Verschollenen zu tragen ist, wird nirgends angesprochen. Die Prämisse der Begründung, es könne überhaupt vom (Geschäftsführungs-)Willen des einzelnen Beamten abhängen, ob der Staat Regreß erhält, ist augenscheinlich verfehlt. Sinnvollerweise kann die Frage, wer von der staatlichen Leistung begünstigt wird, nur abstrakt-generell, d. h. mit Hilfe des objektiven Tatbestandsmerkmals des Geschäfts entschieden werden.

Die Zivilgerichte hatten den Zugang zum Problem schnell durch die Erwägung hergestellt, der Beamte dürfe keinen vom Gesetz abweichenden Willen bilden[26]. Bei der Prüfung des Geschäftsführungswillens wurde dann entschieden, ob nach dem Zweck des Bundesversorgungsgesetzes allein der Empfänger der Rente oder daneben der für ihn Unterhaltspflichtige begünstigt werden sollte[27]. Durch diesen Kunstgriff

[25] *BVerfG* 18, 429, 433.

[26] *LG Berlin* NJW 1958, 831, 832; *BGHZ* 30, 162, 167.

[27] Ähnl. *Selb* NJW 1963, 2056, 2058.

wurde der Geschäftsführungswille, zum Gesetzeszweck objektiviert, als relevante Anspruchsvoraussetzung in Wahrheit fallengelassen; die Zivilgerichte prüften nur, wessen „Geschäft" die Rentenzahlung war[28].

Dem Bundesverfassungsgericht erschien die Rechtslage „völlig klar", so daß die Rückwirkung des Neuordnungsgesetzes auch nicht unter dem Gesichtspunkt zu rechtfertigen war, daß eine verworrene Rechtslage gesetzlich bereinigt würde[29]. Davon kann u. E. grundsätzlich nicht die Rede sein, weil der Begriff des fremden Geschäfts ein offenes normatives Tatbestandsmerkmal bildet[30]. Gerade das hier zu entscheidende Rang- oder Stufenverhältnis zwischen staatlicher Versorgungspflicht und privater Unterhaltspflicht bietet eines der wenigen Beispiele, wo diese Wertungsfrage noch zu ernsthaften Zweifeln Anlaß gibt[31].

Wiederholt hatten Urteile die Waisenrente auf die Unterhaltspflicht des nichtehelichen Vaters angerechnet und damit den Privatmann auf staatliche Kosten entlastet[32]. Ein Landgericht hatte einen für tot erklärten SS-Führer, der sich bis zu einer Amnestie im Jahre 1954 der Strafverfolgung entzogen hatte, verurteilt, die seiner Frau gewährte Rente aus §§ 679, 683 BGB zu erstatten[33]. Das Bundessozialgericht bejahte den Rückgriff der Versorgungsämter aus Geschäftsführung ohne Auftrag[34], und selbst der Bundesgerichtshof war in seiner ersten einschlägigen Entscheidung einer grundsätzlichen Stellungnahme ausgewichen[35].

Dem Bundesverfassungsgericht ist zwar im Ergebnis darin beizupflichten, daß den Versorgungsämtern Ansprüche aus Geschäftsführung

---

28 *Kaehler*, Bereicherungsrecht u. Vindikation (1972) 268 Fn. 412 betont zutr. die Irrelevanz des Geschäftsführungswillens. Seine Kritik an *BGHZ* 30, 262 verkennt jedoch, daß die Tilgungswirkung allein noch keine Erstattungspflicht begründet. Maßgeblich wäre in seiner bereicherungsrechtlichen Sicht, ob das BVG einen eigenen Behaltensgrund (Rechtsgrund) setzt. Der Gfg.-Wille ist, richtig gesehen, bereits mit der Kenntnis der Behörde gegeben, daß evtl. ein Unterhaltspflichtiger vorhanden ist.

29 *BVerfG* 18, 429, 439.

30 *Wollschläger*, GoA 55. Vgl. oben § 2 III 5.

31 Der Schadensersatzpflichtige ist stets näher daran als andere Verpflichtete, den Schaden endgültig zu tragen (Nachw. bei *Wollschläger*, GoA 114 f.). Bei Zahlung fremder rechtsgeschäftlicher Schulden haftet derjenige, der ihren Gegenwert empfangen hat (aaO. 93 ff.). Das Rangverhältnis mehrerer Unterhaltspflichtiger ist in §§ 1607 f., 1615 b BGB geregelt. Zweifelsfälle verbleiben somit vor allem im öff. Recht der Sozialleistungen. Vgl. *BVerwG* ZfS 1967, 49 (21. 9. 1966): Sozialleistung/betriebl. Altersversorgung; *BVerwG* 26, 221 (22. 2. 1967): Lastenausgleich/Sozialversicherung.

32 *LG Görlitz* DR 1943, 1107; *OLG Hamm* DR 1945, 53 (20. 11. 1944); *LG Göttingen* JZ 1952, 32 (9. 3. 1950); *LG München II* NJW 1953, 304 (12. 8. 1952). — Anders jetzt § 1615 g Abs. 3 BGB.

33 *LG Frankenthal* MDR 1958, 603 (30. 4. 1958).

34 *BSG* MDR 1965, 861 (23. 4. 1965); *BSG* MDR 1965, 1029 (30. 6. 1965): Keine Rentenrückforderung durch Verwaltungsakt; statt dessen Zivilrechtsweg. Ferner das in *BVerfG* 18, 429, 434 erwähnte Gutachten des *BSG*.

35 *BGHZ* 28, 359, 361 bejahte hypothetisch den Regreß für den Fall, daß die Rente die Unterhaltsschuld tilgt, verneinte dies aber in concreto.

ohne Auftrag nicht zustanden, so daß dem Neuordnungsgesetz Rückwirkung zukam. Dies muß jedoch mit materialen Wertungsgesichtspunkten begründet werden, welche die abstrakten Begriffe der §§ 677 ff. BGB mit Leben füllen.

Das Urteil *BGHZ* 30, 262, 270 stützte die Klagabweisung darauf, daß im Bundesversorgungsgesetz bewußt kein Rückgriff vorgesehen war und daß die Rente dem nichtehelichen Kind kumulativ zu seinem Unterhaltsanspruch zustehen sollte. Dies kann freilich nicht überzeugen, weil eine doppelte Versorgung des Kindes wohl kaum in der Absicht des Gesetzgebers lag. Dennoch wäre eine Regreß auch bei Tilgung der Unterhaltsschuld sozialpolitisch verfehlt gewesen. Er hätte nämlich nicht allein die „untergetauchten" Unterhaltspflichtigen, sondern sämtliche aus Kriegsgefangenschaft heimkehrenden Väter nichtehelicher Kinder schwer belastet. Eine Regelung, die den großen Kreis der Heimkehrer von Regreßansprüchen freistellte, war daher durchaus sinnvoll, auch wenn sie in Kauf nahm, daß die geringe Zahl „untergetauchter" Unterhaltsschuldner zu Unrecht begünstigt wurde. Tatsächlich ging es der Neufassung des Bundesversorgungsgesetzes einzig darum, die schuldhaft säumigen Väter zu belangen. Diese hätten sonst nur bei strafbarer Verletzung der Unterhaltspflicht aus § 823 Abs. 2 BGB i. V. m. § 170 b StGB gehaftet, während die Neufassung die Haftung bereits bei fahrlässiger Nichterfüllung eintreten ließ. Eine derartige Differenzierung wäre nach altem Recht nicht möglich gewesen, so daß dem Neuordnungsgesetz konstitutive Wirkung und damit auch Rückwirkung zukam.

Selbst wenn man dem in der Sache nicht folgt, ergibt sich die Rückwirkung daraus, daß eine objektiv zweifelhafte Rechtslage durch den Bundesgerichtshof als das höchste zuständige Gericht geklärt war[36]. Der offene Tatbestand der §§ 683, 679 BGB war damit in einer Weise konkretisiert, daß für die Zukunft feststand, daß Regreßklagen der Versorgungsämter keinen Erfolg mehr haben würden[37]. Dieser Umstand berechtigt den Bürger, in den Fortbestand der durch Richterrecht geschaffenen Rechtslage zu vertrauen, ohne durch rückwirkende Gesetze belastet zu werden. Der verfassungsrechtlich bemerkenswerte Kern der Entscheidung *BVerfG* 18, 429, der weder in der Begründung genannt wird noch bislang beachtet wurde, besteht dann darin, daß der Gesetzgeber schon an die in einem einzigen Urteil des Bundesgerichtshofs[38] niedergelegte Rechtsauffassung gebunden wird[39].

IV. Sonstige Rückgriffsfälle

Einige weitere Urteile zeigen erneut, daß die Gerichte schon früher Schwierigkeiten hatten, das Rangverhältnis öffentlich-rechtlicher und

---

[36] Dies betont *BVerfG* 18, 429, 437.

[37] So kontinuierlich für die Zeit vor der Neuregelung: *BGH* LM Nr. 11 zu § 683 BGB (13. 6. 1960); *BGH* LM Nr. 3 zu § 52 BVG (8. 3. 1962); *BGH* FamRZ 1963, 352, 353 (19. 3. 1963). Vgl. ferner *BGH* NJW 1963, 2315 (19. 9. 1963).

[38] *BGHZ* 30, 262. — *BGH* LM Nr. 11 zu § 683 BGB erging bereits nach Verabschiedung des Neuordnungsgesetzes.

[39] Zur Rückwirkung allg. *Maunz / Dürig / Herzog*, GG Komm. Art. 2 Rn. 47; Art. 20 Rn. 87 m. w. Nachw.

privatrechtlicher Leistungspflichten zu bestimmen. Sie sind sämtlich durch Gesetze überholt.

1. Nach der Rechtsprechung des Reichsgerichts wurde der *Schadensersatzpflichtige* durch die beamtenrechtliche Versorgung entlastet, weil diese auf den Schaden angerechnet wurde. Daher wurde auch der Regreß aus § 683 BGB konsequent abgelehnt[40]. Ebenso profitierte der Schädiger von der Zahlung einer Rente durch die Knappschaft, für die der Regreß der allgemeinen Sozialversicherung aus § 1542 RVO im Jahre 1914 noch nicht galt[41]. Beide Fälle unterliegen heute dem gesetzlichen Forderungsübergang.

2. Einem 1920 ergangenen Urteil erschien das Verhältnis von *Erwerbslosenfürsorge und Unterhaltspflicht* problematisch. Es verneinte den Rückgriff des Staats, weil es die Unterhaltspflicht aus tatsächlichen Gründen nicht als bestehend ansah[42]. Heute ist das Arbeitslosen*geld* eine durch Zahlung von Arbeitslosenversicherungsbeiträgen verdiente Leistung, die der Behörde endgültig zur Last fällt. Die anschließende Arbeitslosen*hilfe* ist dagegen Fürsorge, die gemäß dem Prinzip des Nachrangs nach § 140 AFG vom Unterhaltspflichtigen wieder eingefordert wird.

3. *Polizeikosten und Unterhaltspflicht* treffen zusammen, wenn eine unterhaltsberechtigte geschlechtskranke Person zwangsweise behandelt wird. Ein älteres Urteil wies die staatliche Regreßklage ab, was der heutigen Regelung entspricht[43]. Gegen den Nachrang der Unterhaltspflicht spricht an sich, daß die Gefährdung der öffentlichen Sicherheit nicht entstanden wäre, wenn der Unterhaltspflichtige die Krankheit in Erfüllung seiner Pflicht rechtzeitig bekämpft hätte. Dennoch muß der Staat die Kosten übernehmen, damit die Bereitschaft erkrankter Personen, sich behandeln zu lassen, nicht dadurch gehemmt wird, daß sie die finanzielle Belastung von Verwandten scheuen.

V. Zulässigkeit des Rückgriffs, Rechtsweg und Rechtsgrundlage

1. Zulässigkeit

Weil die Judikatur zum Rückgriff von Behörden gegen Privatpersonen mittels Geschäftsführung ohne Auftrag fast gänzlich überholt ist, stellt sich hinsichtlich der grundsätzlichen Zulässigkeit vorab die Frage, ob dieses Problem überhaupt noch praktisch werden kann. Die Antwort hängt von der Qualität der Gesetzgebungstechnik ab. Im Sozialleistungsrecht dürften sich die Gesetzesverfasser heute allgemein der Tatsache bewußt sein, daß durch Subventionen zur Deckung des Lebensbedarfs außer dem unmittelbaren Empfänger noch Unterhalts-

---

[40] *RGZ* 92, 401, 404 (18. 4. 1918). Überblick über die Rspr. bei *Marschall von Bieberstein*, Reflexschäden und Regreßrechte (1967) 60 ff.

[41] *OLG Breslau* OLGRspr 34, 66 (21. 3. 1914). Der Regreß der allg. Sozialversicherung wurde erst durch § 76 Abs. 2 RKnappschaftsG v. 23. 6. 1923 (RGBl I 431) eingeführt.

[42] *OLG Hamburg* HansGZ 1920 B 285 (19. 10. 1920).

[43] *OLG Kiel* SchlHA 1930, 44 (15. 5. 1929). Jetzt § 33 Abs. 1 Nr. 3 GeschlKrG.

und Schadensersatzpflichtige entlastet werden können. Wo dies nach den Zwecken des leistungsgewährenden Gesetzes nicht beabsichtigt ist, wird darum der Regreß speziell geregelt. Dies schließt allerdings nicht aus, daß der Entlastungseffekt in alten oder neuen wohlfahrtsstaatlichen Gesetzen übersehen wird. Wo dann eine Regreßregelung fehlt, stellt sich das Problem des Rang- oder Stufenverhältnisses von öffentlicher und privater Leistungspflicht.

In einem solchen Fall fragt es sich also grundsätzlich, ob ein Gesetz, das Leistungen ohne Regreßregelung gewährt, mit Hilfe einer generellen Regreßnorm unter den Vorbehalt gestellt werden kann, daß der Staat die Leistung von einem anderen als dem Empfänger wieder ersetzt verlangt. Oder darf der private Zweitschuldner aus dem Fehlen einer speziellen Regreßregelung folgern, daß die öffentliche Leistung nicht allein deren Empfänger, sondern auch ihm selbst durch Befreiung von seiner Verbindlichkeit nützen soll? Neuffer verweist dazu auf den Grundsatz der Gesetzmäßigkeit der Verwaltung. Er meint, der Staat dürfe sich nicht ohne ausdrückliche gesetzliche Grundlage Gebührenforderungen gegen den Bürger verschaffen, um die Kosten seiner Leistungsgewähr wieder hereinzuholen[44]. Dieser Einwand ist nicht zwingend, denn auch die Regreßgrundlage der §§ 683, 812 BGB ist ja positives Recht. Dieses läßt freilich durch seine offenen normativen Tatbestandsmerkmale des fremden Geschäfts bzw. der Rechtsgrundlosigkeit die entscheidende Frage des Rang- oder Stufenverhältnisses mehrerer Verbindlichkeiten offen. Dennoch greift der Grundsatz der Gesetzmäßigkeit der Verwaltung nicht unmittelbar ein, weil das Vermögen des privaten Zweitschuldners von vornherein mit einer Unterhalts- oder Schadensersatzpflicht belastet ist. Der Rückgriffsanspruch der Verwaltung bedeutet daher keinen originären belastenden Eingriff in sein Vermögen, sondern hält ihn an dieser durch das bürgerliche Recht fixierten Rechtsstellung fest.

Gleichwohl ist im Interesse rechtsstaatlicher Vorhersehbarkeit des Verwaltungshandelns zu fordern, daß leistungsgewährende Gesetze, die einen privaten Zweitschuldner begünstigen können, den Rückgriff ausdrücklich regeln. Wo dies nicht geschehen ist, muß der Bürger darauf vertrauen dürfen, daß ihn die öffentliche Leistung von seiner Pflicht befreit, sofern die private Leistung dem Empfänger nicht zusätzlich zur öffentlichen zustehen soll. Ein solcher Schutz des Vertrauens auf indirekte Subventionierung kann freilich nicht generell anerkannt werden, zumindest nicht gegenüber Schadensersatzpflichtigen. Wenn öffentliche Bau- und Unterhaltungslasten für in fremdem Eigentum stehende Sachen bestehen und der Staat mangels eigenen

---

[44] *Neuffer* (Fußn. 5) 135 ff.

Eigentums nicht aus § 823 Abs. 1 BGB gegen den Schädiger vorgehen kann, muß die Möglichkeit bestehen bleiben, den vorrangig haftenden Schädiger mittels einer generellen Regreßnorm zu belangen[45].

2. Ordentlicher Rechtsweg

Der ordentliche Rechtsweg für Regreßklagen von Behörden wegen der Erfüllung privatrechtlicher Pflichten ist von den Zivilgerichten noch von den Zeiten der Fiskustheorie her als ganz unproblematisch vorausgesetzt worden[46]. Bundesverfassungsgericht[47] und Bundessozialgericht[48] haben dies bestätigt. In der Sache ist das freilich keineswegs selbstverständlich, weil der Rückgriff sowohl aus der öffentlich-rechtlichen Leistungsgewähr als aus der privaten Verpflichtung entspringt. Es liegt also ein gemischtes Rechtsverhältnis vor. Daher ist es weder zwingend, mit der h. M. auf den privatrechtlichen Verpflichtungsgrund abzustellen[49] noch den öffentlich-rechtlichen Charakter solcher Geschäftsbesorgung aus dem behördlichen Handeln zu folgern[50]. Ginge man nach dem praktischen Schwerpunkt dieser Urteile — etwa zum Rentenregreß gegen den wiederaufgetauchten Verschollenen —, so liegt dieser klar im öffentlichen Recht, weil der Zweck des leistungsgewährenden Gesetzes zu ermitteln ist[51]. Dennoch ist der ordentliche Rechtsweg beizubehalten. Dafür sprechen die spezialgesetzlichen Regreßregelungen, die mit dem Anspruchsübergang mittelbar auch den ordentlichen Rechtsweg für Behörden vorschreiben[52]. Der Rückgriffsanspruch bildet dogmatisch eine Fortwirkung der erfüllten Verbindlichkeit[53] und muß daher an deren Rechtsschutzverfahren teilhaben.

3. Privatrechtliche Rechtsgrundlage

Infolgedessen sind auch die privatrechtlichen Grundlagen des Rückgriffs, nämlich die §§ 683, 679, 812 BGB anzuwenden. Solche Ansprüche können nicht mittels Leistungsbescheides, der auf einen öffentlich-recht-

---

45 Vgl. den Dombrandfall *RGZ* 82, 206 (Fußn. 8). Auch bei älteren Gesetzen, denen die Problematik noch nicht bewußt war, ist die Regreßmöglichkeit zu bejahen (hier § 35 Reichsdeputationshauptschluß v. 25. 2. 1806).

46 Vgl. statt aller *BGHZ* 28, 359, 361; *BGHZ* 30, 162, 167.

47 *BVerfG* 18, 429, 437.

48 *BSG* MDR 1965, 861; *BSG* MDR 1965, 1029.

49 Lit. in Fußn. 5 insb. *H. H. Klein* DVBl 1968, 165, 169.

50 *Hamann* NJW 1955, 481, 482 f.

51 Vgl. oben S. 67 ff.

52 § 1542 RVO, § 90 BSHG, § 140 AFG, § 37 BAFöG.

53 Oben S. 41 f., 58 f.

lichen Erstattungsanspruch zu stützen wäre, geltend gemacht werden[54]. Ob dann Geschäftsführung ohne Auftrag oder Bereicherungsrecht eingreift, ist letztlich ein privatrechtliches Problem, das sich von verwandten Fragen des Unterhalts- oder Haftpflichtregresses nicht unterscheidet. Wie dafür gezeigt wurde, steht der Anwendung der §§ 677 ff. BGB nicht im Wege, daß die Behörde eine eigene Leistungspflicht erfüllt[55]. Das Bestehen einer subsidiären Pflicht macht die Leistungsgewähr noch nicht zum eigenen Geschäft. Beim unechten Gesamtschuldverhältnis ist es vielmehr Geschäft des höherrangig Verpflichteten, die Kostenlast endgültig zu tragen. Insofern kann die Behörde durchaus ein fremdes Geschäft für eine Privatperson führen. Dies geschieht mit Geschäftsführungswillen, wenn sie von deren höherrangiger Verpflichtung Kenntnis hat. Der aus öffentlich-rechtlicher Sicht geäußerte Einwand, eine Behörde könne nicht auftragloser Geschäftsführer eines Bürgers sein, weil sie sich nicht dessen Willen unterzuordnen habe[56], verkennt, daß es entscheidend allein auf die Innehabung der Kostenlast ankommt[57].

4. Zusammenfassung

Zusammenfassend ist daher festzustellen, daß die privatrechtliche Geschäftsführung ohne Auftrag von Behörden für Privatpersonen möglich ist. Die Behörde kann auf dieser Grundlage Rückgriff wegen der Leistung an einen dritten Empfänger nehmen, wenn der Privatmann durch diese nach dem Zweck des leistungsgewährenden Gesetzes nicht von seiner Pflicht befreit werden soll und dem Empfänger nicht beide Leistungen zustehen. Im Zweifel ist aus dem Fehlen einer ausdrücklichen Regreßregelung aber zu schließen, daß auch der private Zweitschuldner entlastet werden soll. Der Rückgriff aus §§ 683, 679 BGB könnte sich darum nur noch als Ausnahmefall etwa gegen Schadensersatzpflichtige richten.

---

[54] *BSG* MDR 1965, 861; *BSG* MDR 1965, 1029. Ferner *VG Stuttgart* MDR 1970, 956 (28. 2. 1970): Tilgung der Schuld eines Soldaten gegenüber einem Pfändungsgläubiger durch den Bund.

[55] *Wollschläger,* GoA 93 f., 120 f.

[56] *Rietdorf* DÖV 1966, 253, 254; dagegen bereits *H. H. Klein* DVBl 1968, 165, 168.

[57] Oben S. 31, 65.

§ 5. Ersatzvornahme und Selbsthilfeaufwendungen

I. Tatbestände und Probleme

1. Strukturelement der Fallgruppen

Das Strukturelement der im folgenden behandelten Fälle hebt sich von dem in den §§ 2 - 4 betrachteten Anwendungsbereich der Geschäftsführung ohne Auftrag dadurch ab, daß zwischen Kläger und Beklagtem bzw. zwischen Geschäftsführer und Geschäftsherr eine unmittelbare Rechtsbeziehung vorliegt, die den Beklagten aufgrund öffentlichen Rechts zu einer Leistung an den Kläger verpflichtet. Wie in den Rückgriffsfällen beruht die Haftung des Geschäftsherrn auf seiner Pflichtenstellung. Doch besteht die Pflicht hier nicht gegenüber einem dritten Empfänger, sondern gegenüber dem Geschäftsführer selbst. Weil sich daraus eigene Probleme ergeben, muß dieser Anwendungsbereich der Geschäftsführung ohne Auftrag, dessen Besonderheit bislang nicht gesehen wurde, im öffentlichen wie im bürgerlichen Recht von den Rückgriffstatbeständen getrennt werden[1]. Hierher gehören vor allem die Fälle der polizeilichen Ersatzvornahme. Mit dem üblichen unscharfen Sprachgebrauch sind dazu auch Fälle der unmittelbaren Ausführung polizeilicher Maßnahmen zu rechnen, obwohl ihnen überhaupt kein Verwaltungsakt voraufgegangen ist[2]. Die Behörde ist hier insoweit einem zivilrechtlichen Gläubiger zu vergleichen, weil sie zur Durchsetzung der polizeilichen Verhaltenspflicht des Störers befugt ist. Der Umstand, daß dessen „Leistung" der Gefahrenabwehr nicht ihr selbst, sondern der Allgemeinheit zugutekommt, steht dabei dem Vergleich mit einem bürgerlichrechtlichen Schuldverhältnis nicht im Wege[3]. Im umgekehrten Rollenverhältnis erscheint der Bürger als Gläubiger einer behördlichen Leistungspflicht, wenn er sich öffentlich-rechtliche Leistungen selbst beschafft und seine „Selbsthilfeaufwendungen"[4] der Behörde gemäß §§ 683, 679 BGB in Rechnung stellt. So reparierte bei-

---

[1] *Wollschläger*, GoA 163 ff.

[2] Die durch § 44 Abs. 1 prPVG veranlaßte Gleichsetzung findet sich noch u. a. in Art. 11 bayPVG, § 7 bremPolG, § 25 rhpfPVG. Zur Abgrenzung *Wolff*, VerwR III § 160 I c 2; § 160 II d 1. Vgl. *Hoepffner*, Diss. 1972, 34.

[3] Eine ähnl. Trennung von Machtfunktion und Genußfunktion tritt bei der Inkassozession oder allg. bei Verwaltungstreuhand im bürg. Recht ein.

[4] Zur Terminologie *Wollschläger*, GoA 166.

spielsweise ein Hauseigentümer seine Anschlußleitung an die gemeindliche Wasserversorgung selbst und verlangte Ersatz von der Gemeinde mit der Behauptung, er habe deren Geschäft geführt[5]. Ein dritter Tatbestand ergibt sich im Verhältnis von Behörden, wenn die Aufsichtsbehörde Verpflichtungen der untergeordneten säumigen Behörde im Wege der Ersatzvornahme erfüllt[6].

2. Praktische Bedeutung

Der damit umrissene Anwendungsbereich der Geschäftsführung ohne Auftrag hat durchaus noch aktuelle praktische Bedeutung ganz im Gegensatz zu den weithin obsoleten Rückgriffsfällen zwischen Bürger und Behörde. Bei polizeilicher Ersatzvornahme wird der Kostenersatz seit über hundert Jahren auch auf diesem bürgerlichrechtlichen Weg abgewickelt[7]. Trotz aller dagegen gerichteter Kritik der neueren Verwaltungsrechtslehre hat der Bundesgerichtshof an dieser Praxis festgehalten[8]. Die Klagen, in denen Bürger ihre Selbsthilfeaufwendungen zur Beschaffung öffentlich-rechtlicher Leistungen aus §§ 683, 679 BGB geltend machen, sind dagegen selten. Sie waren zudem bis auf ein Fehlurteil sämtlich erfolglos[9].

3. Das dogmatische Problem

Als dogmatisches Problem werfen diese drei Fallgruppen gemeinsam die Frage auf, wieso überhaupt die Geschäftsführung ohne Auftrag anwendbar ist, wo es doch überall spezielle Vorschriften gibt, welche die Folgen der Nichterfüllung einer Pflicht zwischen Berechtigtem und Verpflichtetem regeln. Die Kosten polizeilicher Maßnahmen werden im Verwaltungszwangsverfahren beigetrieben. Im bürgerlichen Recht der Leistungsstörungen ergeben die Voraussetzungen des Schadensersatzes wegen Nichterfüllung, wann der Gläubiger sich die versprochene Leistung auf Kosten des Schuldners beschaffen kann. Das Prozeßrecht kennt die Ersatzvornahme als Mittel der Zwangsvollstreckung zur Erwirkung vertretbarer Handlungen[10]. Überall regelt die vom säumigen Schuldner verletzte Rechtsbeziehung den Kostenersatz, so daß der

---

[5] *BayVGH* VerwRspr 24, 542 (24. 5. 1972).

[6] Vgl. *Wolff / Bachof*, VerwR I § 77 II d 4; VerwR III § 160 d 1 a. E.; *Gönnenwein*, Gemeinderecht (1967) 159 ff.

[7] Zuerst *PrObTrib* Fenner u. Mecke 7, 6 (4. 11. 1873): Eigentümer haftet der Stadt auf Kosten der Abstützung eines baufälligen Hauses. — Älter aber klagabw. *Oberhofgericht Mannheim* SeuffArch 9 Nr. 285 (9. 12. 1852), dazu bei Fußn. 15.

[8] Zuletzt *BGH* NJW 1976, 619 (4. 12. 1975); *BGH* NJW 1976, 748 (15. 12. 1975).

[9] Nachw. unten S. 87.

[10] § 887 ZPO, § 10 VwVollstrG i. V. m. § 169 VwGO.

Gläubiger zum Handeln auf Rechnung des Schuldners „berechtigt“ i. S. d. § 677 BGB ist. Von einer Geschäftsführung „ohne Auftrag“ dürfte demnach keine Rede sein.

4. Das Ausgleichsproblem

Das damit eng verbundene Ausgleichsproblem ergibt sich aus dem allen diesen Regelungen zugrundeliegenden Prinzip des Vorrangs der Naturalerfüllung[11]. Der Schuldner soll seiner Pflicht zuerst mit eigenen Mitteln in Person genügen. Der Gläubiger ist erst unter erschwerten Bedingungen befugt, sich die Leistung auf dessen Kosten zu besorgen, so daß dieser nunmehr auf den zur Befriedigung des Gläubigerinteresses nötigen Geldbetrag haftet. Polizeirecht und Vollstreckungsrecht sehen für den Normalfall vor, daß die Ersatzvornahme angedroht und festgesetzt wird, ehe die Behörde auf Kosten des Pflichtigen tätig wird[12]. Im bürgerlichen Recht wird der Schuldner vor übereilter Inanspruchnahme dadurch geschützt, daß sich die Primärobligation erst bei Unmöglichkeit der Leistung (§§ 280, 325 BGB), Nichtleistung trotz Fristsetzung und Verzug (§ 326 BGB) oder Verurteilung (§ 283 BGB) in die Sekundärleistungspflicht umwandelt. § 887 ZPO verlangt für die Ersatzvornahme einen Beschluß des Prozeßgerichts.

Wenn nun das gleiche Ergebnis mit Hilfe eines Aufwendungsersatzanspruchs aus § 683 BGB erzielt wird, ohne daß der jeweils haftungsverschärfende Tatbestand vorliegt, widerspricht das der speziellen Regelung der Pflicht des Schuldners. Damit stellt sich einmal das Konkurrenzproblem, ob der Schuldnerschutz mit Hilfe der generellen Ausgleichsnorm, die nicht an solche haftungsverschärfenden Voraussetzungen gebunden ist, zurückgenommen werden kann. Zum anderen fragt es sich, ob der Schuldner bei Nichteinhaltung der Schutzvorschriften ganz befreit wird oder wenigstens auf die ersparten Kosten der eigenen Leistung haftet. Schließlich stellt sich speziell im öffentlichen Recht das Problem, ob die Behörde dem Bürger den Rechtsschutz des Verwaltungsverfahrens nehmen kann, indem sie ihre Kosten auf privatrechtlicher Anspruchsgrundlage einfordert.

II. Die behördliche Ersatzvornahme

1. Historischer Rückblick

Die polizeiliche Ersatzvornahme ist infolge ihres hoheitlichen Charakters so eindeutig als öffentlich-rechtlicher Vorgang gekennzeichnet,

---

[11] Vgl. *Wollschläger*, Die Entstehung der Unmöglichkeitslehre (1970) 113 ff., 175 ff.

[12] §§ 10, 13 Abs. 4 VwVollstrG; §§ 30, 34 Abs. 4 Musterentw. EPG.

daß dessen Subsumtion unter die negotiorum gestio aus heutiger Sicht kaum noch verständlich ist. Die ordentlichen Gerichte wenden die §§ 683, 679 BGB aufgrund der wirklichkeitsfremden Annahme an, die Behörde habe nicht allein in hoheitlicher Funktion gehandelt, sondern habe zugleich den Willen gehabt, geschäftsführend für den privaten Störer tätig zu werden[13]. Diese gekünstelte Argumentation erschließt sich erst im historischen Rückblick auf die Tradition dieser Judikatur. Sie reicht in die Zeit der Fiskuslehre zurück, aus der die Aufspaltung des Staates in ein hoheitlich handelndes und ein in vermögensmäßiger Hinsicht privat handelndes Rechtssubjekt geläufig ist[14].

Das älteste Urteil unseres Materials konnte die negotiorum gestio noch ganz ungekünstelt auf eine Situation der Gefahrenabwehr anwenden, weil die anordnende und die ausführende Behörde tatsächlich zwei Rechtssubjekte waren. Hier hatte die landesherrliche Polizei eine damals noch als privater Untertanenverband aufgefaßte Gemeinde aufgefordert, die baufällige Mauer eines Privaten abzustützen[15]. Diese Situation unterschied sich demnach nicht von dem gewöhnlichen Regreß wegen der Erfüllung einer fremden Polizeipflicht durch einen Bürger für den anderen[16]. In einem 1897 abgeurteilten Sachverhalt sind die anordnende und die ausführende Behörde in Personalunion verschmolzen: Der Gemeindevorstand ordnete als Ortspolizeibehörde die Verrohrung eines Grabens wegen Seuchengefahr an und führte sie als Organ der Gemeinde aus[17]. In den übrigen Fällen war indessen auch organisationsrechtlich nur eine Behörde beteiligt, so daß die Aufspaltung in ein hoheitliches und ein privates Rechtssubjekt ganz ideell ist.

Dieser fiskustheoretische Ansatz ist nach dem Vorbild von §§ 72 f. prPVG 1931 in einige noch heute geltende Polizeigesetze der Länder eingegangen[18]. Wenn die Polizei einen Nichtstörer in Anspruch nehmen konnte, so hatte sie diesen zu entschädigen; doch hatte der Störer diesen Betrag nach den Grundsätzen der Geschäftsführung ohne Auftrag zu ersetzen. Die vermögensrechtliche Abwicklung des polizeilichen Eingreifens wurde dem Privatrecht unterstellt. Wenn die Polizei nun auch im Falle der Ersatzvornahme die Kosten statt im Verwaltungsverfahren nach bürgerlichem Recht liquidieren konnte[19], so wurde damit der Rechtsschutz für den Bürger nur verbessert. Diese Voraussetzung

---

[13] Nachw. unten Fußn. 51 - 53.

[14] Oben § 1 Fußn. 3.

[15] *Oberhofgericht Mannheim* (1852 Fußn. 7).

[16] *Wollschläger*, GoA 154 ff.

[17] *OLG Dresden* AnnSächsOLG 19, 38 (22. 5. 1897).

[18] Nachw. bei *Wolff*, VerwR III § 130 IV b; V. § 50 Musterentw. EPG sieht jetzt zutr. öff.-r. Erstattungsanspruch vor.

[19] Nachw. in Fußn. 31, 33 - 35.

ist mit der Einführung der verwaltungsgerichtlichen Generalklausel entfallen. Die Fiskuslehre ist längst überwunden, doch wirkt sie in Gestalt der negotiorum gestio bei Ersatzvornahme noch nach.

2. Die Grundsatzfrage

Die materiellrechtliche Grundsatzfrage, ob ein Bürger für die Kosten einer behördlichen Ersatzvornahme haftet, ist durch die Polizeigesetze seit langem geklärt. Die finanzielle Last der Gefahrenabwehr trifft den Störer als Annex der öffentlich-rechtlichen Verhaltenspflicht[20]. Ja, die Kostenlast ist häufig sogar der eigentliche Kern der Polizeipflicht, wenn Mineralölunfälle und andere Umweltbeeinträchtigungen nur mit großem personellen und materiellen Aufwand zu beseitigen sind[21].

a) Öffentlich-rechtliche Pflicht

Selbstverständliche Voraussetzung der Kostenhaftung ist daher das Bestehen einer öffentlich-rechtlichen Pflicht zur Gefahrenabwehr[22]. Demgemäß wurden die Klagen abgewiesen, wenn keine Polizeipflicht des Beklagten bestand[23].

Die offenen Tatbestände der generellen Ausgleichsnormen eröffnen indessen sogar die Möglichkeit, private Kostenerstattungsansprüche zugunsten der Verwaltung auch in solchen Fällen zu schaffen, in denen eine spezialgesetzliche Grundlage dafür fehlt. Davon zeugen zunächst zwei Urteile aus der Zeit des Nationalsozialismus, die sich bei der Anwendung des § 679 BGB contra legem mit dem Bestehen einer

---

[20] *BVerwG* 10, 282, 285 (9. 5. 1960); *Friauf* in: Bes. Verwaltungsrecht (4. Aufl. 1976) 185.

[21] So zutr. *Baur* JZ 1954, 354; *ders.* DVBl 1965, 893, 895.

[22] Überholte ältere Urteile wenden die GoA auch bei Durchsetzung anderer öff.-r. Pflichten an. *LG/OLG Hamburg* HansGZ 1886 B 245, 249 (2. 6. 1885/5. 3. 1886): Wegeunterhaltung durch Anlieger. — *VGH Stuttgart* WürttJb 7, 230 (23. 1. 1895): Anliegerbeiträge (zutr. abl. jetzt *OLG Nürnberg* BayJMBl 1956, 167 v. 25. 4. 1956). — *OLG Dresden* AnnSächsOLG 13, 31 (31. 12. 1890): Fährenunterhaltung. — *OLG Colmar* DJZ 1903, 576 (10. 1. 1902): Kanalanschlußkosten (vgl. dazu die neueren Urteile in Fußn. 46). — *OLG Kiel* OLGRspr 46, 139 (20. 10. 1926); *RG* WarnRspr 1926 Nr. 143 (26. 4. 1926): Wohnraumerhaltung nach § 8 RMietG.

[23] *Oberhofgericht Mannheim* (1852 Fußn. 7): Keine Polizeipflicht des Eigentümers der baufälligen Mauer. — *OLG Dresden* (1897 Fußn. 17): Keine Polizeipflicht des Dienstbarkeitsberechtigten. — *OLG Hamburg* HansRZ 1920, 205 (16. 2. 1920): Keine Störung bei Sinken einer Schute außerhalb des Fahrwassers. — *VG Hannover* MDR 1965, 1023 (5. 7. 1965): Vorläufige Unterbringung in Heil- und Pflegeanstalt unrechtmäßig. — Vgl. ferner *OLG Dresden* (1890 Fußn. 22): Eigene Unterhaltungspflicht der Gemeinde für die Elbfähre. — *LG/OLG Hamburg* (1885-6 Fußn. 22): Keine Wegeunterhaltungspflicht der Anlieger.

sittlichen Pflicht begnügen[24]. Mögen diese Entscheidungen auch der Vergangenheit angehören, so bleibt die Rechtsprechung des Bundesgerichtshofs zum Ersatz von Feuerlöschkosten von aktueller Bedeutung[25]. Sie verurteilte die Bundesbahn, deren Lokomotiven durch Funkenflug Waldbrände verursachten, zum Ersatz der Kosten gemeindlicher Brandbekämpfung, obwohl nach dem landesrechtlichen Brandschutzgesetz keine Haftung bestand. Diese Entscheidungen bedürfen kritischer Prüfung nicht allein deshalb, weil sie ersichtlich mit dem Grundsatz der Gesetzmäßigkeit der Verwaltung brechen, sondern auch wegen der unzulänglichen Begründung, welche dieses Kernproblem ganz übergeht.

Das hessische Brandschutzgesetz (§ 14) bestimmte, daß die Gemeinde Kostenersatz von demjenigen Eigentümer oder Besitzer eines in Brand geratenen Gebäudes verlangen konnte, der den Brand vorsätzlich oder grob fahrlässig verursachte, daß aber die Brandbekämpfung „im übrigen" unentgeltlich erfolgte. Die Vorinstanz hatte dieses Landesgesetz (für den Bundesgerichtshof nach §§ 549, 562 ZPO verbindlich) jedoch in dem Sinne „ausgelegt", daß zwar schuldlose und leicht fahrlässig handelnde Eigentümer und Besitzer von Gebäuden begünstigt werden sollten, nicht aber Dritte[26]. Eine solche teleologische Reduktion des Gesetzes erscheint verständlich. Sie läge auch im gewohnten Rahmen zivilgerichtlicher Gesetzeskorrektur. Lokale Inhaber von Brandquellen können nämlich mit einer gewissen Berechtigung von unentgeltlicher öffentlicher Brandbekämpfung profitieren, weil sie über Grund- und Gewerbesteuern zu den Kosten der Feuerwehr beitragen, ja, auf dem Lande noch vielfach persönlich mithelfen. Die Bundesbahn war dagegen vor der umfassenden Elektrifizierung ihres Netzes ein Großverursacher, der durch häufige Brände gemeindliche Feuerwehren auf die Dauer überlasten konnte. Im Ergebnis wäre deshalb nichts dagegen einzuwenden, sie an den Kosten der Brandbekämpfung zu beteiligen.

Indessen ist es Sache des Gesetzgebers, diejenigen Personenkreise, denen die öffentliche Gefahrenabwehr unentgeltlich zustehen soll, richtig abzugrenzen. Auch wenn das wie hier ersichtlich mißlungen ist, verbietet es der Grundsatz der Gesetzmäßigkeit der Verwaltung, die Kosten öffentlicher Daseinsvorsorge auf andere als die gesetzlich vorgesehenen Kostenträger abzuwälzen. Die Gerichte dürfen mit Hilfe der generellen Ausgleichsnormen

---

[24] *AG Goldberg/Schlesien* Recht d. Reichsnährstandes 1936, 1017 (25. 8. 1936); Berufung *LG Liegnitz* JW 1937, 643 (1. 12. 1936): Der jüdische Bekl. galt als „unmittelbar aus den Grundsätzen der nationalsozialistischen Weltanschauung" verpflichtet, seinen brachliegenden Acker zu bestellen. Er mußte der Kreisbauernschaft die Kosten der erfolglosen Feldbestellung aus §§ 683, 679 BGB ersetzen. Beide Urteile entsprechen der NS-Rechtsideologie, weil auf Positivität des Rechts verzichtet wird. So die zust. Anm. von *Dürr* JW 1937, 644; allg. *Rüthers*, Die unbegrenzte Auslegung (1968) 121 ff., 132.

[25] *BGHZ* 40, 28 (20. 6. 1963 — Az. VII ZR 263/61); *BGH* VersR 1963, 1074 (20. 6. 1963 — Az. VII ZR 97/62). Ebenso neuerdings *LG Braunschweig* Versicherungspraxis 1974, 118 (1. 3. 1974). — Vgl. *OLG Celle* DRiZRspr 1931 Nr. 477: Grundstückseigentümer haftet nicht für normale Feuerlöschkosten (also Aufgabe der Feuerwehr trotz dessen Interesse an der Brandbekämpfung).

[26] *BGHZ* 40, 28, 32.

keine neuen Abgabelasten schaffen[27]. Der Bundesgerichtshof begründete die Haftung der Bundesbahn mit ihrem Interesse, den von ihr nach § 1 SHG zu ersetzenden Schaden möglichst gering zu halten[28]. Darauf kommt es indessen nicht an, weil unentgeltliche Tätigkeit der Feuerwehr dem haftpflichtigen Brandverursacher nicht minder nützlich ist als dem unmittelbar betroffenen Eigentümer. Richtig gesehen, kann allein das spezielle Verwaltungsgesetz regeln, wer zum Kostenersatz verpflichtet ist. Auch wer in unsachgemäßer Weise von öffentlichen Leistungen begünstigt wird, muß darauf vertrauen dürfen, daß er die Vorteile bis zu einer Gesetzesänderung unbezahlt in Empfang nehmen darf.

Wie diese Überlegungen zeigen, hängt die Entscheidung des Falles wesentlich von öffentlich-rechtlichen Fragen ab. Darüber schweigen die Urteilsgründe leider, während sie andererseits inhaltsleere Ausführungen über den Geschäftsführungswillen der Feuerwehr machen[29]. Im ganzen demonstriert die Entscheidung, wie die Geschäftsführung ohne Auftrag zur Umgehung spezieller Gesetze eingesetzt werden kann. Sie ist darum abzulehnen.

Im Ergebnis ist daran festzuhalten, daß die Pflicht zur Erstattung von Kosten der Verwaltung durch Privatpersonen nur durch spezielles Gesetz begründet werden kann. Der Grundsatz der Gesetzmäßigkeit der Verwaltung läßt es nicht zu, mit Hilfe der §§ 683, 812 BGB neue Abgabelasten zu schaffen. Die Tatsache, daß auch diese Vorschriften formell Gesetz sind, verschlägt dabei nichts. Denn sie sind inhaltlich in keiner Weise konkretisiert, so daß der betroffene Bürger nicht vorhersehen kann, ob er haftet.

b) Unmittelbare Ausführung einer Maßnahme

Die vollen Kosten polizeilicher Maßnahmen können nach Verwaltungsrecht verlangt werden, wenn die unmittelbare Ausführung zur Abwehr drohender Gefahren notwendig ist, d. h. wenn der Störer nicht rechtzeitig herangezogen werden kann[30]. In den meisten Fällen, in denen die Zivilgerichte aus den §§ 683, 679 BGB verurteilten, war diese haftungsverschärfende Bedingung, unter der ein Störer für das Handeln Dritter an seiner Stelle bezahlen muß, gegeben[31]. Diese Urteile sind darum im Ergebnis nicht zu beanstanden; sie werfen nur verfahrensrechtliche Fragen auf.

---

[27] Gl. A. *Neuffer*, Der pflichtengebundene Geschäftsführer ohne Auftrag, 135 ff.; *Maurer* JuS 1970, 561, 563 f. Kritisch auch *Rietdorf* DÖV 1966, 253, 255; *Medicus*, Bürgerl. Recht (7. Aufl. 1976) § 17 II 3 b.

[28] *BGHZ* 40, 28, 31.

[29] Das Urteil verkennt außerdem den Vorrang des Verwaltungsverfahrens. Wenn die Kostenbefreiung nach dem BrandschutzG nicht für die Bundesbahn galt, hätte die Gemeinde ihre Kosten auf dem Verwaltungswege eintreiben können und müssen.

[30] § 6 Abs. 2 VwVollstrG; § 5 a Musterentw. EPG.

[31] *PrObTrib* (1873 Fußn. 7): Einsturzgefahr. *BGHZ* 40, 28; *BGH* VersR 1963, 1074: Waldbrand. *OLG Karlsruhe* MDR 1965, 384 (17. 12. 1964): Ölverseuchung in städt Kanalisation. *OLG Köln* OLGZ 1968, 24; *BGH* NJW 1969, 1205: Verlust eines Ankers im Rhein (klagabw. wegen Verjährung).

c) Rechtmäßige Ersatzvornahme

Auch bei rechtmäßiger Ersatzvornahme, d. h. nach Erlaß eines Verwaltungsakts und nach formgerechter Androhung[32], erlangt die Behörde auf dem Zivilrechtsweg nicht mehr als das, was sie sich auch im Verwaltungszwangsverfahren hätte beschaffen können[33].

d) Rechtswidrige Ersatzvornahme

Erst bei rechtswidriger Ersatzvornahme wird die Haftung des Störers aus §§ 683, 812 BGB über ihre öffentlich-rechtlichen Voraussetzungen hinaus erweitert. Hier hätte der Polizeipflichtige die Gefahr mit eigenen Mitteln oder durch Hinzuziehung Dritter rechtzeitig beheben können. Eine Polizeiverfügung war jedoch überhaupt nicht ergangen[34] oder sie war dem falschen Adressaten erteilt worden[35]. Wenn ältere Urteile den Störer trotz dieser Verfahrensmängel haften ließen, so bedeutete das im Ergebnis, daß die gesetzlichen Erfordernisse der Ersatzvornahme lediglich darüber bestimmten, ob die Behörde ihre Kosten in dem für sie einfacheren Verwaltungsverfahren beitreiben konnte oder ob sie den beschwerlicheren Zivilrechtsweg wählen mußte. Die materielle Kostentragungspflicht blieb jedenfalls von dem Verfahrensverstoß unberührt.

Dies wird von einer Mindermeinung im Schrifttum gebilligt[36]. Die weitaus herrschende Lehre hält dagegen die Regelung des Kostenersatzes in den Polizei- und Vollstreckungsgesetzen für abschließend und verwirft die Anwendung bürgerlichrechtlicher Ausgleichsnormen[37]. Danach wird der Störer also frei, wenn die Behörde voreilig selbst eingreift, statt diesen heranzuziehen, oder wenn sie etwa bei der Androhung der Ersatzvornahme die Höhe der voraussichtlichen Kosten nicht

---

[32] Nachw. in Fußn. 12.

[33] *OLG Colmar* DJZ 1903, 576; *OLG Kiel* OLGRspr 46, 139; *RG* JW 1912, 81 Nr. 27 (13. 11. 1911).

[34] *VGH Stuttgart* (1895 Fußn. 22); *RG* JW 1912, 81 (für die Zeit vor Erlaß des VA).

[35] *RGZ* 75, 188, 190 (22. 12. 1910): Die Verfügung zur Hebung des Wracks war dem Ehemann erteilt worden; der Kahn gehörte aber der Ehefrau, die aus GoA verurteilt wurde.

[36] *Ule / Rasch*, Allg. Polizei- und Ordnungsrecht (1965) 211 Rn. 36; *Müller-Heidelberg / Clauss*, Nds. SOG (2. Aufl. 1956) § 37 Anm. 3; *Baur* JZ 1954, 354, 357; *ders.* DVBl 1965, 893, 895.

[37] Ausf. *Maurer* JuS 1970, 561, 563 ff. Ferner *Tiedau* DÖV 1952, 165, 167; *Hamann* NJW 1955, 481, 483; *Rietdorf* DÖV 1966, 253 ff.; *H. H. Klein* DVBl 1968, 165, 167; *Wolff / Bachof*, VerwR I § 44 I b 5; VerwR III § 160 I c 2 β; *Soergel / Mühl*, BGB, Rn. 8 vor § 677; *Steckert* DVBl 1971, 243, 246; *Hoepffner*, Diss. 1972, 151 f.; *Götz*, Allg. Polizei- u. Ordnungsrecht (3. Aufl. 1975) 199; *Drews / Wacke / Vogel*, Gefahrenabwehrrecht I (8. Aufl. 1975) 315; *Erichsen / Martens* in: *dies.* Allg. Verwaltungsrecht 223.

mitteilt. Sobald nämlich die Gefahr beseitigt ist, kann der Störer nicht mehr mittels Ordnungsverfügung oder gar Zwangsmitteln belangt werden, weil der polizeiliche Haftungsgrund wieder entfallen ist. Hurst hat dagegen zutreffend eingewandt, daß die Behörde durch solche Verfahrensverstöße mit u. U. enorm hohen Ausgaben belastet werden könne[38]. Diese Folgen stehen in der Tat in keinem Verhältnis zu dem an sich zutreffenden Anliegen der h. L., auf korrekte Beachtung der Verfahrensvorschriften hinzuwirken. Der Verfahrensverstoß kann die grundsätzliche Zuweisung der Kosten der Gefahrenabwehr auf den Störer nicht beseitigen. Anderenfalls würde der objektiv säumige Polizeipflichtige besser gestellt als ein verantwortungsbewußter Bürger, der seine Pflicht zur Gefahrenabwehr auf erstes Anfordern der Behörde oder ganz freiwillig erfüllt. Daher muß auch bei rechtswidriger Ersatzvornahme eine Kostenhaftung des Störers bestehen bleiben.

Diese ist allerdings der Höhe nach auf die Ersparnis des Pflichtigen zu beschränken, d. h. auf diejenigen Kosten, die er bei formal korrektem Verwaltungsverfahren selbst hätte aufbringen müssen, um die Gefahr mit eigenen Mitteln oder durch von ihm bezahlte Dritte zu beseitigen. Diese Belastung ist ihm auf jeden Fall als finanzieller Inhalt seiner Polizeipflicht zugewiesen, ohne daß die Verfahrensmängel etwas daran ändern könnten. Die Mehrkosten freilich, die durch das voreilige Eingreifen der Behörde oder eines von ihr bezahlten Dritten entstanden sind, gehen zu Lasten der Verwaltung. Denn diese beruhen auf dem Verfahrensfehler, welcher dem Pflichtigen die Möglichkeit zur kostengünstigeren Beseitigung der Gefahr mit eigenen Mitteln nahm.

3. Die Rechtsgrundlage

Als Rechtsgrundlage der Haftung für die Kosten der Ersatzvornahme kommen, um das Ergebnis der Prüfung des Rechtswegs vorwegzunehmen[39], nur öffentlich-rechtliche Normen in Betracht.

a) Rechtsgrundlage bei rechtmäßiger Ersatzvornahme

Bei rechtmäßiger Ersatzvornahme und unmittelbarer Ausführung behördlicher Maßnahmen sind das die speziellen verwaltungsrechtlichen Vorschriften. Die entsprechende Anwendung der Geschäftsführung ohne Auftrag scheidet hier schon deshalb aus, weil die Verwaltung zu

---

[38] *Hurst* DVBl 1965, 757, 760; *Baur* DVBl 1965, 893, 895. Hurst will GoA nur bei Eilmaßnahmen einer absolut unzuständigen Behörde anwenden; ebenso *H. H. Klein* DVBl 1968, 165, 168. Dagegen bereits oben § 2 II 5.

[39] Dazu sogleich bei Fußn. 49.

ihrem Handeln auf Kosten des Privatmanns „berechtigt“ i. S. d. § 677 BGB ist[40].

b) Rechtsgrundlage bei rechtswidriger Ersatzvornahme

Bei rechtswidriger Ersatzvornahme (i. w. S.) ist dagegen, zivilrechtlich gesehen, der Grundtatbestand auftragloser Geschäftsführung ausgefüllt, weil aus der allgemeinen behördlichen Handlungsbefugnis noch nicht folgt, daß (wie beim Auftrag) auf Kosten des Geschäftsherrn gehandelt werden darf[41]. Dennoch scheidet die entsprechende Anwendung der §§ 683, 679 BGB aus, weil die Übernahme der Geschäftsbesorgung nicht dem „Interesse“ des Geschäftsherrn i. S. d. § 683 S. 1 BGB entspricht. Dieser unbestimmte Rechtsbegriff darf nämlich nicht beliebig ausgefüllt werden, wenn man den Vorrang der speziellen Verwaltungsgesetze konsequent beachtet. Das „Interesse“ muß vielmehr inhaltsgleich mit der öffentlich-rechtlichen Pflichtenstellung bestimmt werden[42]. Nach der letzteren besteht nun aber keine volle Kostenerstattungspflicht, eben weil die Voraussetzungen der Ersatzvornahme nicht gewahrt sind. Infolge dieser tatbestandlichen Mechanik der §§ 677, 683 BGB, die gleichermaßen in den bürgerlichrechtlichen Fällen der Selbsthilfeaufwendungen in Vertragsbeziehungen erscheint[43], ist die Geschäftsführung ohne Auftrag auf eine Ersatzvornahme niemals anwendbar. Abgesehen davon sollte dieser Vorgang überhaupt nicht mit Hilfe des Privatrechtsinstituts, sondern als spezielles Verwaltungsrechtsverhältnis betrachtet werden.

Die Verweisung des § 684 S. 1 BGB bringt jedoch im bürgerlichen Recht eine Bereicherungshaftung des von seiner Primärleistungspflicht befreiten Schuldners zum Zuge[44]. Dem muß im öffentlichen Recht eine Haftung mittels Erstattungsanspruchs bei rechtswidriger Ersatzvornahme entsprechen, wie sie im Schrifttum nur zögernd angedeutet wird[45]. Der Polizeipflichtige ist durch die Beseitigung der Gefahr auf Kosten der Behörde von seiner Polizeipflicht befreit worden. Die in Gestalt dieser Ersparnis erlangte Vermögensmehrung ist insofern zu

---

[40] *Tiedau, Hamann, H. H. Klein, Soergel / Mühl* (Fußn. 37). Dies verkennen *Baur* JZ 1954, 354, 357 und *Hoepffner,* Diss. 1972, 34 ff., wenn sie die Ersatzvornahme als Spezialfall der GoA ansehen. Richtig ist daran nur, daß, zivilrechtlich gesehen, ein Geschäftsbesorgungsverhältnis vorliegt; *Maurer* JuS 1970, 561, 563 Fußn. 14. Vgl. aber unten § 7 I 2 a.

[41] Insoweit zutr. *Baur* JZ 1954, 354, 357.

[42] *Wollschläger,* GoA 156 f. Ebenso im Erg. *Maurer* JuS 1970, 561, 564.

[43] *Wollschläger,* GoA 168 f.

[44] *Wollschläger,* GoA 166, 168 f. m. w. Nachw.

[45] *Maurer* JuS 1970, 561, 565 Fußn. 27. Vgl. *VG Hannover* MDR 1965, 1023: Bei rechtswidriger Anstaltsunterbringung keine Haftung auf die Kosten, soweit sie über die Bereicherung hinausgehen (also Haftung nur für ersparte Lebenshaltungskosten).

Unrecht erlangt, als die Kosten der Gefahrenabwehr ihm und nicht der Behörde zugewiesen waren. Der Verfahrensverstoß der Behörde bildet keinen „Rechtsgrund", welcher den Störer zum Behalten dieser Ersparnis befugt.

Die Verwaltungsrechtsprechung hat diesen Tatbestand eines „Erstattungsanspruchs aus rechtswidriger Ersatzvornahme", soweit ersichtlich, noch nicht anerkannt. Dennoch bietet sie ein Vorbild in Gestalt der Praxis, die Erhebung gemeindlicher Anschlußkosten mit Hilfe des Erstattungsanspruchs zu begründen[46]. Ihr liegt der zutreffende Gedanke zugrunde, daß die Herstellung eines Kanalanschlusses durch die Gemeinde den Bürger von seiner Anschlußpflicht befreit, so daß diese durch Ersparnis erzielte Vermögensmehrung zu Unrecht erlangt ist[47]. Damit ist die frühere bürgerlichrechtliche Begründung[48] durch die öffentlich-rechtliche Ausgleichsnorm abgelöst worden. Dies ist auf die rechtswidrige behördliche Ersatzvornahme zu übertragen, weil diese Rechtsprechung grundsätzlich die Erstattungspflicht für eine Ersparnisbereicherung im Verhältnis einer Privatperson zu derjenigen Behörde, welche die Erfüllung seiner Pflicht zu kontrollieren hat (dem „Gläubiger" in zivilrechtlicher Sicht) anerkannt hat.

4. Der Rechtsweg

Der ordentliche Rechtsweg wurde vom Reichsgericht zunächst in einem Fall verneint, wo gegen den Beklagten bereits eine strompolizeiliche Anordnung zur Hebung eines Schiffahrtshindernisses ergangen war[49]. Das Verwaltungszwangsverfahren wurde hier als einzig zulässiges Mittel der Kostenbeitreibung angesehen. War jedoch die Polizeiverfügung gegen einen anderen als den Störer ergangen, stand der ordentliche Rechtsweg wieder offen[50]. Diese Judikatur billigt der Behörde bis heute einen Rollenwechsel vom Hoheitssubjekt zum privaten Geschäftsführer zu. Das Reichsgericht folgerte den behördlichen Willen, privat für den Störer tätig zu werden, u. a. daraus, daß die entstandenen Kosten haushaltsmäßig nicht als Polizeikosten, sondern als

---

[46] *OVG Münster* VerwRspr 15, 724 (14. 2. 1962); *VG Köln* DWW 1969, 82 (10. 10. 1968); *OVG Münster* VerwRspr 25, 344 (11. 1. 1971) m. w. Nachw.

[47] *OVG Münster* VerwRspr 15, 724, 729 f.

[48] *PrOVG* RuPrVBl 52, 196 (4. 11. 1930).

[49] *RGZ* 43, 293, 294 (25. 2. 1899). Ferner *RGZ* 2, 351 (21. 5. 1880): Kein ord. Rechtsweg für Einspruch gegen baupolizeil. Verfügung, da kein Streit um GoA der Gemeinde. — *RG* WarnRspr 1926 Nr. 143: Ersatzvornahme nach Androhung. — *OLG Kiel* SchlHA 1907, 33 (3. 11. 1906): Kein ord. Rechtsweg für Anspruch der Reichsbahn, daß Inhaber privaten Bahnübergangs die Schranke schließt; wohl aber Ersatz ihrer Bewachungskosten aus §§ 683, 679 BGB.

[50] *RGZ* 75, 188.

Kämmereikosten verbucht worden waren[51]. Der Bundesgerichtshof betrachtete dies als Tatfrage[52]. So unterstellte er der gemeindlichen Feuerwehr, „auch für" die Bundesbahn, die den Brand verursacht hatte, handeln zu wollen[53].

Diese Rechtsprechung ist generell abzulehnen; sie durchbricht die Kompetenzabgrenzung zwischen Verwaltungs- und Zivilgerichten[54]. Schon ihre Begründung ist fiktiv, denn weder der im Einsatz befindliche Feuerwehrmann noch das zuständige Gemeindeorgan werden einen Gedanken auf die Schadensersatzpflicht der Bundesbahn verwendet haben oder sich gar von der Absicht haben leiten lassen, diese möglichst gering zu halten. Selbst wenn ein solcher Wille der Behörde wirklich gefaßt werden sollte, so darf das aus Rechtsgründen keine Wirkung haben. Die Verwaltung kann zwar besonders im Bereich der leistenden Verwaltung die Formen ihres Handelns vielfach frei bestimmen[55]. Es kann aber nicht in ihrem Belieben stehen, die Form des Rechtsschutzes gegen hoheitliche Eingriffe, wie sie ja gerade die Gefahrenabwehr darstellt, einseitig durch die Wahl des Rechtswegs zu bestimmen. Sie darf sich von den Normen, die dem Betroffenen gegen den Verwaltungsakt, das Widerspruchsverfahren und die Anfechtungsklage geben, nicht durch interne Buchungsvorgänge oder den „Willen" zu privatrechtlicher Tätigkeit dispensieren.

Unabhängig davon bildet der Streit um die Polizeikosten insofern eine öffentlich-rechtliche Streitigkeit i. S. d. § 40 VwGO, als die Kostenlast den gleichen materiellen Grund wie die primäre polizeiliche Handlungspflicht hat[56]. Die Verhaltenspflicht und ihre Folgen sind nicht voneinander zu trennen, weil jeder Akt der Gefahrenabwehr, der über passives Dulden oder bloße Handreichungen hinausgeht, Geld kostet. Die Denkform der Fiskustheorie, die vermögensmäßigen Folgen als bürgerlichrechtliche Fragen von der zugrundeliegenden öffentlich-rechtlichen Handlungs- oder Duldungspflicht zu isolieren, mochte als Kunstgriff zur Begründung des ordentlichen Rechtswegs zu billigen sein, solange der Verwaltungsrechtsschutz unvollkommen war. Heute ist dafür kein Bedarf mehr vorhanden.

Dem trägt ein neueres Urteil des 6. Senats des Bundesgerichtshofs insofern Rechnung, als es die Kostenersatzforderung einer Straßen-

---

51 *RG* JW 1912, 81, 82.

52 *BGH* NJW 1965, 1595 (13. 4. 1965).

53 *BGHZ* 40, 28, 31.

54 Gl. A. *Maurer* JuS 1970, 561, 565; *Tiedau* DÖV 1952, 164, 168; ferner die Lit. in Fußn. 37.

55 *Forsthoff*, VerwR I § 24 II 5; *Wolff / Bachof*, VerwR I § 23.

56 Vgl. *BVerwG* 10, 282, 285.

behörde wegen der Verfüllung einer angrenzenden Kiesgrube in das öffentliche Recht verweist[57]. Es stellt zutreffend klar, daß in der Einkleidung der Geschäftsführung ohne Auftrag in Wahrheit die Kosten der Ersatzvornahme geltend gemacht werden. Die Begründung vermeidet allerdings den offenen Widerspruch mit der Rechtsprechung anderer Senate durch den Hinweis, diese hätten über die Erfüllung privatrechtlicher Pflichten der Beklagten entschieden. In der Tat wird insbesondere die Anwendung der §§ 683, 679 BGB auf die unmittelbare Ausführung strompolizeilicher Maßnahmen, z. B. die Suche nach verlorenen Ankern oder gefährlichen Schiffsteilen im Strombett, damit begründet, daß den Störer auch eine privatrechtliche Pflicht aus § 1004 BGB treffe, die von ihm verursachte Störung fremden Eigentums zu beseitigen[58]. Diese Aufspaltung der aus ein und demselben Lebenssachverhalt gegenüber ein und demselben Rechtsträger erwachsenden Pflichtenstellung ist abzulehnen. Der Umstand, daß die Gefahrenabwehrbehörde zu einem Verwaltungsträger gehört, der zugleich Eigentümer der öffentlichen Sache ist, auf der sich die Störung ereignete, kann die Behörde nicht ermächtigen, den Rechtsweg frei zu bestimmen. Rechtsstaatlich ist es vielmehr geboten, daß sich der betroffene Bürger über seine Handlungs- und Zahlungspflichten mit der Behörde in einem einzigen Verfahren auseinandersetzt. Dies kann nur das Verfahren des speziellen Gesetzes sein, welches den Lebensvorgang regelt, hier also das strompolizeiliche Vorgehen nach dem Bundeswasserstraßengesetz[59]. Die allgemeine private Gefahrenabwehrpflicht aus § 1004 BGB stimmt in ihrem realen Inhalt grundsätzlich mit der Polizeipflicht überein. Sie muß daher, wenn sie von einem Organ öffentlicher Verwaltung durchgesetzt wird, ihren privatrechtlichen Charakter verlieren. Der ordentliche Rechtsweg ist auf diese Weise nicht zu begründen.

III. Private Selbsthilfeaufwendungen zur Beschaffung öffentlich-rechtlicher Leistungen

Das Gegenstück der behördlichen Ersatzvornahme bilden jene Fälle, in denen sich eine Privatperson eine von der Behörde geschuldete Leistung selbst beschafft und von dieser Kostenersatz aus §§ 683, 679 BGB verlangt. Der Bürger erfüllt hier eine Pflicht der Behörde, deren Erfüllung aber anders als in den Rückgriffsfällen[60] ausschließlich ihm

---

[57] *BGH* NJW 1975, 47, 49 (15. 10. 1974).

[58] *OLG Köln* OLGZ 1968, 24, 25; *BGH* NJW 1969, 1205, 1206; *OLG Köln* VkBl 1972, 922; *BGH* NJW 1976, 748. Ferner *BGH* NJW 1964, 1365 (12. 3. 1964): Kennzeichnung eines Wracks, Ersatzanspruch aus § 812 BGB.

[59] §§ 25, 30 BundeswasserstraßenG v. 2. 4. 1968 (BGBl I 173).

[60] Oben § 3 I 4, 6.

selbst zugutekommt. So mußte eine Dorfgemeinde nach einem 1937 ergangenen Urteil der freiwilligen Feuerwehr Aufwendungen ersetzen, weil es ihre Aufgabe war, für die Ausrüstung mit Geräten zu sorgen[61]. Ein Berliner Amtsgericht befand im Jahre 1950, die Bestimmungen des Schulgesetzes, nach der Lernmittel unentgeltlich zur Verfügung gestellt wurden, sei kein bloßes Programm, sondern gebe den Eltern ein subjektives Recht auf die Lernmittel. Die Zahlungsunfähigkeit der Stadt berühre die Verpflichtung in ihrem Bestande nicht[62]. Noch das Landgericht Berlin hielt daran fest, daß die Eltern ein fremdes Geschäft besorgt hatten. Es sah aber die Geschäftsführung nicht als interessegemäß i. S. d. § 683 BGB an, weil die Stadt nur zur Anschaffung im großen Rahmen verpflichtet sei, um auch Schüler aus sozial schwächeren Schichten mit Lernmitteln zu versorgen[63]. Ähnliche Klagen, in denen die Kosten der Räumung der Trümmer vom eigenen Grundstück[64] oder der Reparatur der eigenen Wasseranschlußleitung[65] begehrt wurden, blieben freilich sämtlich ohne Erfolg[66]. Die abstrakte Möglichkeit einer derartigen Geschäftsführung ohne Auftrag des Bürgers für die Verwaltung wurde freilich noch nicht generell in Frage gestellt[67].

Im Zusammenhang unserer Untersuchung ist dazu lediglich klarzustellen, daß die §§ 683, 679 BGB auf derartige Sachverhalte niemals anwendbar sind. Von der Sache her ist es klar, daß im Gewande dieser Vorschriften Schadensersatz wegen der Nichterfüllung einer öffentlichrechtlichen Leistungspflicht begehrt wird. Dazu muß das spezielle leistungsgewährende Gesetz bestimmen, ob der Privatmann überhaupt einen Anspruch auf die Leistung hat und ob er sich diese notfalls auf Kosten der Verwaltung eigenmächtig beschaffen darf. Freilich gibt es noch keine allgemein anerkannten Grundsätze, die dem bürgerlichen Recht der Leistungsstörungen entsprechen, so daß hierüber nach positiven Kriterien zu entscheiden wäre[68]. Wie in privatrechtlichen Vertragsbeziehungen und bei behördlicher Ersatzvornahme bietet jedenfalls die Geschäftsführung ohne Auftrag keine Rechtsgrundlage für den Ersatz von Selbsthilfeaufwendungen des Privatmanns. Entweder

---

61 *OLG Königsberg* HRR 1937 Nr. 1436 (2. 3. 1937), überholt durch landesgesetzl. Regelung des Feuerlöschwesens.

62 *AG Berlin-Lichterfelde* JR 1951, 53 (30. 5. 1950).

63 *LG Berlin* JR 1951, 405 (24. 6. 1950).

64 *LG Dortmund* DVBl 1952, 254 (21. 5. 1951); *LG Aachen* BB 1952, 761 (27. 6. 1952).

65 *BayVGH* VerwRspr 24, 542.

66 Die Klagen waren schon deshalb abzuweisen, weil keine Kostentragungspflicht der Behörde, der ein subj. Recht der Kläger entsprach, bestand.

67 Vgl. die Lit. zur privaten GoA für Behörden oben § 3 Fußn. 2.

68 Dazu ausf. *Simons*, Leistungsstörungen verwaltungsrechtl. Schuldverh. (1967) passim.

ist der Gläubiger zum Handeln auf Kosten des Schuldners „berechtigt", dann liegt keine Geschäftsführung „ohne Auftrag" vor, — oder er ist es nicht, dann widerspricht das eigenmächtige Vorgehen dem Interesse des Geschäftsherrn i. S. d. § 683 BGB[69].

IV. Die aufsichtsbehördliche Ersatzvornahme

Aus den gleichen Gründen scheidet eine entsprechende Anwendung der §§ 683, 679 BGB aus, wenn eine Aufsichtsbehörde Pflichten einer untergeordneten Behörde auf deren Kosten erfüllt. Unser Fallmaterial enthält dazu nur wenige Urteile aus dem 19. Jahrhundert, in denen über Aufwendungsersatzklagen einer übergeordneten gegen eine untergeordnete Behörde entschieden wurde[70]. Auch dieser Anwendungsbereich der negotiorum gestio ist durch spezielles öffentliches Recht überholt.

---

[69] Oben bei Fußn. 43.

[70] *AppG Dresden* Wochenbl 1844, 65; *Bad. Oberhofgericht* BadAnn 23 (1856) 81; *PrObTrib* 36, 312 (13. 7. 1857): Staat ./. Gemeinde. — *RG* 25, 271 (19. 12. 1889): Staat ./. Deichverband; *RGZ* 27, 331 (18. 11. 1890): Kreis ./. Gemeinde.

§ 6. Schadensausgleich zwischen Behörde und Privatperson

Die wenigen restlichen Urteile betreffen den Ausgleich von Schäden, d. h. von unfreiwillig erlittenen Vermögenseinbußen. Sie entstammen sämtlich der neueren Judikatur, können sich also nicht wie die Entscheidungen zum Ersatz von Aufwendungen i. e. S.[1] auf eine in das 19. Jahrhundert zurückreichende Tradition stützen. Sie bilden schon zahlenmäßig mit nur 5 Fällen eine Randerscheinung im öffentlichrechtlichen Anwendungsbereich der Geschäftsführung ohne Auftrag. Inhaltlich sind sie sämtlich abzulehnen, weil sie mit Hilfe der §§ 677 ff. BGB spezielle verwaltungsrechtliche Regelungen umgehen.

I. Amtshaftung

Nach §§ 677, 276 BGB muß der unbeauftragte Geschäftsführer wie ein Beauftragter bei der Wahrnehmung der Interessen des Geschäftsherrn sorgfältig handeln, andernfalls haftet er auf Schadensersatz. Wird er zur Gefahrenabwehr tätig, verringert sich der Haftungsmaßstab gemäß § 680 BGB auf Vorsatz und grobe Fahrlässigkeit. Diese Vorschriften wurden neuerdings vom Bundesgerichtshof erstmals im öffentlichen Recht angewandt, um die als „antiquiert" empfundene Subsidiarität der Amtshaftung nach § 839 Abs. 1 S. 2 BGB zu umgehen[2].

Ein umgestürzter Tanklastzug wurde von der Feuerwehr der beklagten Stadt aufgerichtet. Dabei lief Öl aus, das bei sachgemäßem Vorgehen erst hätte abgepumpt werden müssen. Der Haftpflichtversicherer trug die gesamten Kosten der Beseitigung der Ölverseuchung und der Hebung des Lastzugs. Er nahm gegen die Stadt aus den gem. § 67 VVG auf ihn übergegangenen Ansprüchen des Halters Rückgriff. Die Stadt hatte den halben Schaden zu ersetzen, wobei ihr gemäß § 254 BGB der Kausalitätsanteil für die Ausweitung des Schadens, dem Halter die Verursachung des Unfalls überhaupt zugerechnet wurde.

Die Begründung eines Schuldverhältnisses aus Geschäftsführung ohne Auftrag zwischen dem polizeipflichtigen Verursacher des Ölunfalls und der Gefahrenabwehrbehörde schließt sich konsequent an die Rechtsprechung zur polizeilichen Ersatzvornahme an. Wenn die Entscheidung BGHZ 40,28 diese Rechtsbeziehung zugunsten der Feuerwehr

---

1 Zur Abgrenzung oben § 1 Fußn. 16.

2 *BGHZ* 63, 167, 172 (24. 10. 1974). Übereinstimmend die Vorinstanz *OLG Düsseldorf* VersR 1973, 64 (4. 10. 1972).

konstruierte, um ihr einen privatrechtlichen Kostenersatzanspruch zu geben, so erscheint es nur folgerichtig, die Feuerwehr auch mit deren haftungsrechtlichen Konsequenzen zu belasten. Gerade diese Ausdehnung des Rechtsinstituts über seinen traditionellen Anwendungsbereich hinaus macht indessen noch deutlicher, daß schon der Grundansatz verfehlt ist. Während beim Aufwendungsersatz mit Hilfe der §§ 683, 679 BGB immerhin nur Ergebnisse erzielt werden, die grundsätzlich mit denen des öffentlichen Rechts der Ersatzvornahme übereinstimmen[3], führen die §§ 677, 680, 276 BGB im Haftungsrecht zu klaren Widersprüchen mit dem öffentlichen Recht. Hinsichtlich der behördlichen Schutzpflicht, die sich hier darauf richtet, die Kosten- und Schadensersatzhaftung des Störers möglichst gering zu halten, soll also nach Ansicht des Bundesgerichtshofs eine doppelte Rechtsbeziehung bestehen: einmal die Amtspflicht i. S. d. § 839 BGB, für deren fahrlässige Verletzung nach dem Subsidiaritätsprinzip allerdings nur gehaftet wird, wenn kein anderer Ersatzpflichtiger da ist, und daneben das Schuldverhältnis aus § 677 BGB, das keine derartige Privilegierung des Schadensstifters kennt[4].

Schon vom praktischen Ergebnis her leuchtet es ein, daß diese gekünstelte Aufspaltung eines realen Lebenssachverhalts nicht vernünftiger Sinn des Gesetzes sein kann. Ließe man sie nämlich zu, wäre das Haftungsprivileg des Beamten bzw. heute des Staates weitestgehend außer Kraft gesetzt. Überall da, wo Behörden ohne Einvernehmen des Betroffenen handeln, also im Bereich der Hoheitsverwaltung und dort vornehmlich bei der unmittelbaren Gefahrenabwehr, müßte Geschäftsführung ohne Auftrag vorliegen[5]. Daß der Gesetzgeber sein erklärtes Ziel, durch die Subsidiaritätsklausel „unerwünschte Ängstlichkeit in der Amtsführung" zu vermeiden[6], an anderer Stelle des Gesetzes wieder aufgegeben hätte, wird man ihm nicht unterstellen können. Das obrigkeitsstaatliche Haftungsprivileg selbst ist vielmehr unzeitgemäß. Die Abschaffung der Subsidiaritätsklausel im Zuge der Reform des Staatshaftungsrechts steht denn ja auch außer Streit[7].

---

[3] Oben § 5 II 2 b, c.

[4] *BGHZ* 63, 167, 172 ff., 175. Zu *BGHZ* 40, 28 oben § 5 Fußn. 25, 53.

[5] Wenn man es andererseits mit *BGH* NJW 1965, 1595 als Tatfrage betrachtet, ob die Behörde auch privat für den Störer handeln will, taugt die GoA überhaupt nicht dazu, das rechtspolitische Ziel des BGH allgemein zu erreichen. Die Behörde braucht ja nur den Willen zu fassen, mit Subsidiaritätsklausel ausschließlich öff.-r. haften zu wollen. Vgl. die Unterlaufung der privatrechtl. Qualifikation der Verkehrssicherungspflicht an Straßen durch Ländergesetze, welche diese zur Amtspflicht deklarieren (*BGH* NJW 1973, 463; *Bartlsberger* DVBl 1973, 468).

[6] Prot. II. Komm. bei *Mugdan*, Materialien z. BGB II 1154.

[7] Der Referentenentwurf für ein Staatshaftungsgesetz v. Sept. 1976 sieht in § 11 Abs. 2 eine gesamtschuldnerische Haftung des Staates neben privaten Dritten vor. Vgl. *Haverkate* ZRP 1977, 33.

Daher mag man dem Urteil im Ergebnis beipflichten. Seine Begründung geht aber schon deshalb fehl, weil sie rechtstechnische Rabulistik bietet, wo in der Sache darzulegen war, warum dem BGB nicht mehr gefolgt werden kann und was den Richter eigentlich ermächtigt, einer laufenden Gesetzesform vorzugreifen.

Was die in unserem Zusammenhang allein relevante Subsumtion unter die §§ 677 ff. BGB anbelangt, so verkennt diese, daß der Tatbestand der Geschäftsführung „ohne Auftrag" nicht ausgefüllt ist, wenn die Gefahrenabwehrbehörde zum Eingreifen auf Kosten des Störers „berechtigt" ist[8]. Das behördliche Handeln begründet eine Sonderrechtsbeziehung, nämlich das Verwaltungsrechtsverhältnis, welches man als öffentlich-rechtlichen Parallelfall eines Geschäftsbesorgungsverhältnis betrachten könnte[9]. Hieraus erwächst die polizeirechtliche Kostenerstattungspflicht des Störers. Haftungsrechtlich gründet sich darauf die Schutzpflicht der Behörde, die vermögensrechtlichen Interessen des Störers insofern wahrzunehmen, als sie die Gefahr nur mit geeigneten Mitteln bekämpft und den eingetretenen Schaden verringert, statt ihn zu vergrößern. Dies ist keine andere Pflicht als die in § 839 BGB genannte „einem Dritten gegenüber obliegende Amtspflicht", die ja eine Verdichtung der allgemeinen behördlichen Pflicht zu korrekter Amtsführung zur Schutzpflicht gegenüber einer bestimmten Person bedeutet[10]. Das Verwaltungsrechtsverhältnis bildet demnach diejenige öffentlich-rechtliche Rechtsbeziehung, welche das Verhältnis zwischen Gefahrenabwehrbehörde und Störer speziell und erschöpfend regelt. Seine haftungsrechtlichen Grenzen können nicht mit Hilfe der Geschäftsführung ohne Auftrag überspielt werden. So haben die Gerichte früher schon zutreffend eine persönliche Haftung des Beamten aus § 677 BGB anstelle der Staatshaftung verneint[11].

II. Nothilfeschäden von Privatpersonen

Wer bei freiwilliger Hilfeleistung Personen- und Sachschäden erleidet, kann dafür nach gefestigter Rechtsprechung privatrechtlich aus §§ 683, 670 BGB Ersatz verlangen. Die gleiche Rechtsfolge soll nach verbreiteter Ansicht auch bei auftragloser Geschäftsführung von Privat-

---

8 Oben § 5 II 3 a.

9 Oben § 5 Fußn. 40.

10 Zur Abgrenzung vgl. *Wolff / Bachof*, VerwR I § 64 I b 5 γ.

11 *KG* KGBl 1918, 68 (15. 10. 1918): Polizist; *OLG Stuttgart* NJW 1947/48, 227 (26. 11. 1947): Wehrmachtsangehöriger. Ebenso *KG* DRiZRspr 1931 Nr. 88 (12. 11. 1930).

personen für Behörden eintreten[12]. Wer amtliche Aufgaben, etwa beim Abtransport von Verletzten oder bei der Behebung einer Verkehrsstörung wahrnimmt, könnte danach einen in Ausübung dieser Tätigkeit erlittenen Schaden von der zuständigen Behörde ersetzt verlangen[13]. Aus der Judikatur ist erst eine erfolgreiche einschlägige Klage veröffentlicht[14]. Eine Krankenkasse haftete einem Passanten, der ihrem Mitglied beim Überfall eines Geisteskranken Beistand geleistet hatte und dabei selbst verletzt worden war. Der Bundesgerichtshof begründete dies damit, daß es gemäß § 181 Abs. 1 Nr. 1 RVO Aufgabe (und damit auch „Geschäft") der Kasse sei, Krankenpflege zu gewähren, insbesondere den Transport des bereits verletzten Mitglieds in ein Krankenhaus zu veranlassen und einen Arzt zu rufen.

Die Entscheidung ist nicht zu billigen. § 539 Abs. 1 Nr. 9 a RVO gewährt dem freiwilligen Unfallhelfer Sozialversicherungsschutz. Das Gesetz regelt den Umfang entsprechend dem Schutz bei Arbeitsunfällen und bestimmt das Land oder den Gemeindeunfallversicherungsverband als den für diese Lasten zuständigen Träger[15]. Mit dieser sozialrechtlichen Regelung ist es nicht zu vereinbaren, aus § 683 BGB weitergehende Ersatzansprüche gegen einen anderen Sozialversicherungsträger herzuleiten[16]. Das Problem der behördlichen Haftung für Schäden von Privatpersonen ist deutlich von der Haftung für Aufwendungen zu trennen; die übliche Vermengung beider Begriffe muß gerade auch im öffentlichen Recht aufgegeben werden. Dies erhellt besonders daraus, daß es sich jeweils um durchaus verschiedenartige Lasten handelt, welche die Gesetze einzelnen Verwaltungsträgern zuweisen. Die Schäden aus der tatsächlichen Erfüllung von Verwaltungsaufgaben, d. h. die vermögensmäßigen Folgen der Dienstunfälle, sind als Teil der allgemeinen Verwaltungskosten vom Dienstherrn zu tragen, wo sie nicht auf einen Schadensersatzpflichtigen abwälzbar sind[17]. Dagegen können die konkreten Aufwendungen, d. h. die freiwillig zur Erfüllung der Verwaltungsaufgaben eingesetzten Mittel auf den zuständigen Verwaltungsträger abgewälzt werden, wenn ein unzuständiger handelt. Bei

---

[12] *Jaschkowitz* JW 1928, 1024; *Barkhau,* Öffentlich-rechtliche Entschädigung bei Nothilfeleistungen (1954) 43, 87 f.; *Hoepffner,* Diss. 1972, 164 f.

[13] Beispiele nach *Barkhau,* Öffentlich-rechtliche Entschädigung bei Nothilfeleistungen (1954) 43.

[14] *BGHZ* 33, 251 (7. 11. 1960). — Klagabw. *BGHZ* 55, 207 (21. 1. 1971): Erste Hilfe bei Arbeitsunfall auf Betriebsgelände. Kein Anspruch des Unternehmers wegen Lohnfortzahlung an den Helfer, weil Erste Hilfe dem Unternehmer nach §§ 546, 721 RVO obliegt.

[15] §§ 655 f. RVO.

[16] Dazu bereits *Wollschläger,* GoA 302 f. Abzulehnen ist auch die Zulassung des ord. Rechtswegs. Da um die öff.-r. Pflicht eines Sozialversicherungsträgers gestritten wurde, war nach § 51 Abs. 1 SGG der Sozialrechtsweg gegeben.

[17] Vgl. oben § 2 II 3 e.

Erstattungsansprüchen gegen Behörden (i. S. d. h. M. also bei auftragloser Geschäftsführung für Behörden) besteht immer eine primäre Leistungspflicht, an der die Behörde im Rückgriff festgehalten wird[18]. Diese gesetzliche Fixierung der Ausgabenkompetenz besteht nur hinsichtlich der zur Erfüllung der Verwaltungsaufgabe erforderlichen Kosten. So hat die Krankenkasse den Transport des verletzten Mitglieds zu bezahlen. Das Personenschadensrisiko der dabei tätigen Beschäftigten ist aber nicht ihr, sondern dem Träger der Unfallversicherung zugewiesen; wenn Kassenärzte als freiberuflich Tätige dabei mitwirken, tragen diese ihr Unfallrisiko selbst. Ebensowenig kann ein Arzt, der auf dem Weg zur Behandlung eines mittellosen Verunglückten selbst einen Unfall erleidet, seine Schaden nach § 121 BSHG liquidieren. Denn dem Sozialhilfeträger sind nur die Leistungen an den Empfänger als gesetzliche Last auferlegt. Diese Ordnung der Ausgabenkompetenz darf nicht mit Hilfe der §§ 683, 670 BGB durchbrochen werden, indem die Kostenlast zu einer Schadenshaftung ausgeweitet wird.

Auch rechtspolitisch ist ein Bedürfnis nach einer Haftung von Behörden für Nothilfeschäden von Privatpersonen über § 539 Absatz 1 Nr. 9 RVO hinaus nicht anzuerkennen. Der Sozialversicherungsschutz deckt die Hilfe bei Unglücksfällen und gemeiner Gefahr, bei Verfolgung und Festnahme von Straftätern und bei Verteidigung gegen widerrechtliche Angriffe. Dies erfaßt die wichtigsten Gefahrenbereiche, für die private Unfallhilfe auf öffentliches Risiko überhaupt erwartet werden dürfte. Nun gewährt die RVO zwar keinen vollen Schadensersatz, insbesondere nicht die Mehrkosten einer privaten Arzt- und Krankenhausbehandlung und auch nicht die Spitze eines von der Unfallrente nicht erreichten Verdienstausfalls, was besonders für Bezieher höherer Einkommen zu einer empfindlichen Einbuße führen kann. Wenn der Nothelfer aber insoweit einem Arbeiter gleichgestellt wird, der einen Berufsunfall erlitten hat, so bildet diese Gleichbehandlung im Unglück keinen Übelstand, der ein Abweichen vom Gesetz erfordert. Die RVO legt durch die Beschränkung der Entschädigung fest, in welchem Maße private Nothilfe auf öffentliche Kosten geht. Dies ist generell als Abgrenzung zwischen den Risikosphären des Bürgers und der Staatsorganisation insgesamt aufzufassen. Der Ersatz weitergehender Nothilfeschäden durch andere Behörden als den zuständigen Sozialversicherungsträger ist daher abzulehnen. Insoweit ist es private Aufgabe, gegen Unfallfolgen vorzusorgen. Damit scheidet eine Haftung von Behörden für Nothilfeschäden von freiwillig tätigen Privatpersonen aus, es sei denn, daß diese gesetzlich einzeln vorgeschrieben ist.

---

[18] Oben § 2 II 3 b.

III. Dienstunfälle

Wenn man eine Geschäftsführung ohne Auftrag von Behörden für Privatpersonen zuläßt, müßte daraus auch eine private Haftung für Dienstunfälle beim behördlichen Eingreifen folgen. Diese wäre dann im Gegensatz zum Deliktsrecht von einem Verschulden des Geschäftsherrn unabhängig. In der Tat hielt es das Bayerische Oberste Landesgericht für möglich, daß der Dienstherr eines Polizeibeamten, der sich bei der Rettung eines Selbstmörders verletzt hatte, aus §§ 683, 679, 670 BGB gegen den letzteren Rückgriff wegen der gezahlten Unfallfürsorgeleistungen nahm[19]. Zwar verneinte das Gericht einen eigenen Anspruch des Landes, weil es die gesetzliche Regelung des polizeilichen Eingreifens als vorrangig ansah. Doch bejahte es einen auf den Dienstherrn übergegangenen Anspruch des Beamten, indem es diesem zubilligte, zugleich als Amtsperson und als privater Geschäftsführer zu handeln. Ist dieses Urteil schon wegen der Anwendung des § 679 BGB auf den Selbstmord zu beanstanden[20], so erweist es sich unter öffentlichrechtlichen Maßstäben als ganz unhaltbar[21]. Der handelnde Beamte steht in einer Rechtsbeziehung allein zu seiner Behörde und seinem Dienstherrn, mitnichten aber zu dem betroffenen Bürger. Das Polizeirecht regelt abschließend, ob der Selbstmörder überhaupt Störer ist und welche Kosten ggf. auf ihn abwälzbar sind. Für die Geschäftsführung ohne Auftrag ist hier wie in den Fällen der Ersatzvornahme kein Raum.

IV. Fazit

Im ganzen folgt aus der Betrachtung dieser drei Fallgruppen, daß die §§ 677 ff. BGB auf den Ausgleich von Schäden zwischen einer Behörde und einer Privatperson nicht anwendbar sind. Bezieht man die Tatsache ein, daß unser Fallmaterial keinerlei Urteile zur Herausgabe des auf der Geschäftsbesorgung Erlangten gemäß §§ 681 S. 2, 667 BGB enthält, so bedeutet dies, daß der praktische Anwendungsbereich der Geschäftsführung ohne Auftrag im öffentlichen Recht bislang auf den Ersatz von Aufwendungen beschränkt war. Das Rechtsinstitut ist ein Mittel des Rückgriffs wegen der Erfüllung fremder Pflichten im öffentlichen Recht, füllt aber keine weitergehenden Funktionen aus. Es ist daher auch aus diesem negativen Grund durch den Erstattungsanspruch ersetzbar.

---

[19] *BayObLG* MDR 1968, 920 (29. 7. 1968).

[20] *Wollschläger*, GoA 310 f.

[21] Abl. ausf. *Maurer* JuS 1970, 561; *Götz*, Allg. Polizei- u. Ordnungsrecht 175 ff.

§ 7. Ergebnisse und Folgerungen

I. Die Geschäftsführung ohne Auftrag im öffentlichen Recht

Die Untersuchung der öffentlich-rechtlichen Tatbestände, auf welche die Geschäftsführung ohne Auftrag in den vergangenen eineinhalb Jahrhunderten angewandt worden ist, führt insgesamt zu dem Schluß, daß dieses Rechtsinstitut im heutigen Verwaltungsrecht keine Existenzberechtigung mehr hat. Eine öffentlich-rechtliche Geschäftsführung ohne Auftrag gibt es nicht; sie ist durch den Erstattungsanspruch verdrängt worden. Die gegenteilige herrschende Meinung, welche ihre Anwendbarkeit erst für Einzelfälle in Zweifel gezogen hat, bedarf der Korrektur.

1. Das negative Gesamtergebnis resultiert zunächst aus der Prüfung der *einzelnen Fallgruppen*, die bisher von den Gerichten unter die negotiorum gestio subsumiert wurden. Häufig sind ältere Entscheidungen durch gesetzliche Regelung überholt. Insbesondere sind der Rückgriff von Privatpersonen wegen der Erfüllung von Verwaltungsaufgaben und der behördliche Rückgriff wegen der Erfüllung privatrechtlicher Pflichten fast ganz obsolet geworden. Im übrigen ergab sich, daß die §§ 683, 679 BGB als Anspruchsgrundlage durch den öffentlich-rechtlichen Erstattungsanspruch zu ersetzen sind. Teilweise war die Anwendung allgemeiner Ausgleichsnormen überhaupt abzulehnen, weil sie in Widerspruch zu speziellen verwaltungsrechtlichen Regelungen geriet.

a) Für den *Rückgriff zwischen Behörden* wegen der Erfüllung fremder Verwaltungsaufgaben folgt die Ablösung durch den Erstattungsanspruch daraus, daß der Geschäftsführungswille für die Sachentscheidung keine Bedeutung hat. Dieses Tatbestandsmerkmal, welches den Anwendungsbereich der §§ 677 ff. BGB wesentlich vom Bereicherungsrecht scheidet, ist für das öffentliche Recht irrelevant. Der Rückgriff beruht auf dem objektiven Umstand, daß Ausgaben von einer Behörde getragen wurden, der sie gesetzlich nicht oder nicht endgültig zugewiesen waren. Dabei spielt es keine Rolle, ob die unzuständige Behörde die Verpflichtung der zuständigen kannte oder sich über ihre eigene Zuständigkeit irrte. Ebensowenig ist der äußerlich unterschiedliche Gegenstand der Ansprüche aus §§ 683, 670 BGB und auf Herausgabe unrechtmäßig erlangter Vermögensvorteile nach dem Erstattungsanspruch für den Rückgriff im öffentlichen Recht von Belang. Zum einen kann die durch Ersparnis erlangte Bereicherung schon tatbestandlich nicht entfallen, weil der Verpflichtete immer damit rechnen muß, selbst zu leisten, solange er nicht geleistet hat. Zum anderen dürfen sich Behörden überhaupt nicht auf den Fortfall der Bereicherung berufen, weil der diesem Einwand zugrundeliegende Vertrauensschutz nur zugunsten von Privatpersonen angebracht ist. Der von der Behörde erlangte Vermögensvorteil ist darum stets mit den zur Erfüllung erforderlichen Aufwendungen identisch.

b) Aus den gleichen Gründen ist die freiwillige *Erfüllung von Verwaltungsaufgaben durch Privatpersonen* nicht als auftraglose Geschäftsführung für die Behörde zu qualifizieren. Wo dieser Fall außerhalb gesetzlicher Regelungen (§ 121 BSHG, §§ 765 a, 539 Abs. 1 Nr. 9 RVO) überhaupt noch praktisch werden kann, greift der Erstattungsanspruch ein.

c) Die *Erfüllung fremder privatrechtlicher Pflichten durch Behörden* verbleibt als der einzige Sachverhalt, in dem behördliches Handeln unter die §§ 677 ff. BGB fällt. Die Vorschriften gelten hier sogar unmittelbar als privatrechtliche Normen, weil das von der Behörde besorgte Geschäft eben die Erfüllung einer privatrechtlichen Pflicht ist. Dies gilt unbeschadet einer eigenen öffentlich-rechtlichen Pflicht der Behörde zur Leistung. Denn die höherrangige private Pflicht gibt den Ausschlag, wie z. B. im Fuldaer Dombrandfall[1] die Schadensersatzpflicht der Brandverursacher im Verhältnis zur Kirchenbaulast des regreßnehmenden Fiskus. Auf einen solchen Ausgleich unter sog. unechten Gesamtschuldnern hat das Reichsgericht die §§ 683, 679 BGB entgegen der einhelligen neueren Zivilrechtslehre zutreffend angewandt.

d) In den Fällen der *Ersatzvornahme*, in denen die Behörde eine von ihr zu kontrollierende öffentlich-rechtliche Pflicht einer Privatperson erfüllt, ist die Geschäftsführung ohne Auftrag wieder fehl am Platze. Wenn die Behörde zu ihrem Vorgehen auf Kosten des Pflichtigen „berechtigt" ist, entfällt der Tatbestand des § 677 BGB. Andernfalls entspricht die Übernahme der Geschäftsführung nicht dem Interesse des Geschäftsherrn i. S. d. § 683 BGB. Die verwaltungsrechtliche Regelung der Ersatzvornahme darf nicht durch die Anerkennung privatrechtlicher Ansprüche auf vollen Aufwendungsersatz umgangen werden.

Aus den gleichen Gründen können Selbsthilfeaufwendungen, mit denen sich Privatpersonen behördlich geschuldete Leistungen beschaffen, nicht nach §§ 683, 679 BGB liquidiert werden. Insoweit greifen

---

[1] *RGZ* 82, 206.

die Grundsätze der Verletzung des jeweiligen öffentlich-rechtlichen Leistungsanspruchs ein. Ebenso unterliegt die aufsichtsbehördliche Ersatzvornahme speziellen Normen; die negotiorum gestio wurde hier nur im 19. Jahrhundert angewandt.

e) Einige wenige neuere Entscheidungen, die den *Ausgleich von Schäden* zwischen Bürger und Verwaltung nach den §§ 677 ff. BGB beurteilten, waren sämtlich abzulehnen, weil sie den Vorrang spezieller öffentlich-rechtlicher Regelungen nicht beachteten.

2. Die *allgemeinen Gründe,* aus denen die Geschäftsführung ohne Auftrag aufzugeben ist, erschließen sich historisch, wenn man den Wandel der Rechtsordnung in dem hier überblickten Zeitraum seit 1830 überblickt.

a) Die Abkehr von der negotiorum gestio fügt sich in den langwierigen und noch keineswegs abgeschlossenen Prozeß der *Ausbildung spezifischer Rechtsinstitute des Verwaltungsrechts,* durch den privatrechtliche Denkformen ersetzt werden. Ebensowenig wie man das Beamtenverhältnis heute als Auftragsverhältnis auffaßt oder die Gemeinde wie einst als privaten Untertanenverband betrachtet, kann man noch von einer Geschäftsführung ohne Auftrag sprechen. Zwar weist gerade der Tatbestand der Geschäftsbesorgung eine grundlegende strukturelle Übereinstimmung mit öffentlicher Verwaltungstätigkeit auf. Der Beauftragte, der Vormund oder der Vereinsvorstand lassen sich geradezu als Prototypen der öffentlich-rechtlichen Amtswalter ansehen, weil ihr Handeln der Wahrnehmung fremder Interessen dient und auf fremde Rechnung und Gefahr geht. Das Rechtsverhältnis aus fremdnütziger Tätigkeit unterscheidet sich insofern wesentlich von den Austauschschuldverhältnissen des Privatrechtsverkehrs, in denen jeder Beteiligte eigene Interessen verfolgt und sein Gewinnstreben verwirklicht. Infolge dieser in der Sache angelegten Übereinstimmung privaten und öffentlichen Verwaltungshandelns ließ sich letzteres früher korrekt als negotiorum gestio erfassen, wo es ohne Einverständnis mit dem betroffenen Bürger oder der zuständigen Behörde erfolgte. Die innere Verwandtschaft läßt noch heute die Versuchung fortbestehen, Tätigkeit von und für Behörden unter die §§ 677 ff. BGB zu subsumieren. Eben wegen dieser grundlegenden Kongruenz der Tatbestände muß aber auf die Geschäftsführung ohne Auftrag verzichtet werden. Denn die moderne Verwaltungsrechtslehre ist längst dazu übergegangen, den Grundtatbestand öffentlicher Verwaltung als solchen zu kennzeichnen und ihn öffentlich-rechtlichen Normen zu unterstellen. Die Terminologie des Privatrechts ist daher nicht mehr zu gebrauchen. Wegen der Allgemeinheit des Tatbestandes kann auch die „entsprechende" Anwendung der Geschäftsbesorgungsnormen nur Verwirrung stiften.

b) Mit der Aufgabe der negotiorum gestio im öffentlichen Recht wird zugleich eine späte Hinterlassenschaft der *Fiskuslehre* beseitigt. Solange der Staat in vermögensrechtlicher Hinsicht als Privatrechtssubjekt galt, konnte dieses Rechtsinstitut noch korrekt auf öffentlich-rechtliche Sachverhalte angewandt werden. Diese Anschauung wirkt heute noch am stärksten in der Rechtsprechung zur polizeilichen Ersatzvornahme nach, weil die Gerichte nach wie vor den ordentlichen Rechtsweg für die Liquidierung behördlicher Verwaltungskosten zulassen. Mit der Ausbildung eines Verwaltungsschuldrechts sind indessen die materiellrechtlichen Voraussetzungen dieser Theorie entfallen: Sowohl die primäre Verhaltenspflicht zur Gefahrenabwehr wie die sekundäre Pflicht zur Übernahme der damit verbundenen finanziellen Folgen beruhen auf öffentlichem Recht.

c) Die zutreffende Deutung des *Regelungszwecks* der Geschäftsführung ohne Auftrag macht schließlich den Abschied von diesem Rechtsinstitut zwar nicht notwendig aber doch dogmatisch zweckmäßig. Die Untersuchung seines öffentlich-rechtlichen Anwendungsbereichs bestätigt das aus der privatrechtlichen Judikatur gewonnene Ergebnis, daß der Zweck der §§ 677 ff. BGB nicht in der Regelung und Förderung von Menschenhilfe zu sehen ist. Als häufiger Anwendungsfall hebt sich in der Gerichtspraxis hier der negative Kompetenzkonflikt zwischen Behörden heraus. Im übrigen ist die Kasuistik in tatsächlicher Hinsicht ganz heterogen. Sie ist nur auf dogmatisch-abstrakter Ebene mit dem Merkmal der Erfüllung einer fremden Pflicht einheitlich zu kennzeichnen. Die entsprechende praktische Funktion, welche die negotiorum gestio in der Rechtsprechung insoweit ausgefüllt hat, ist die einer generellen Ausgleichsnorm des Verwaltungsschuldrechts. Man muß sich darum von der herrschenden falschen Vorstellung lösen, es mit anschaulicher Regelung von Hilfeleistung oder einem Sonderrecht der Not- und Eilfälle zu tun zu haben. Der allgemeine Rechtsgedanke, der hinter den §§ 683, 679 BGB steht, ist kein anderer als der des Bereicherungsrechts, nämlich das Ausgleichsprinzip. Die Vorschriften haben im wesentlichen die gleiche Funktion wie die Rückgriffskondiktion. Das Gebot dogmatischer Ökonomie verlangt daher, die Aufgaben einer allgemeinen Ausgleichsnorm, die im positiven bürgerlichen Recht zwei Rechtsinstituten zufallen, im öffentlichen Recht einzig mit Hilfe des Erstattungsanspruchs zu lösen.

II. Der Erstattungsanspruch

Ungeachtet ihrer überholten zivilrechtlichen Begründung ist die Judikatur zur Geschäftsführung ohne Auftrag im öffentlichen Recht bis auf wenige Ausnahmen zu billigenswerten Sachentscheidungen gelangt. Ihre in das 19. Jahrhundert zurückreichende Tradition bleibt insofern für die Lösung verwaltungsrechtlicher Ausgleichsprobleme maßgeblich; sie hat materiell Verwaltungsschuldrecht geschaffen.

1. Der wichtigste Beitrag der älteren Rechtsprechung besteht in der kontinuierlichen Anerkennung des *Ausgleichsprinzips*, d. h. des Grundsatzes, daß unter Verstoß gegen öffentlich-rechtliche Normen der Lastenzuweisung erlangte Vermögensvorteile zu erstatten sind. Dabei ist es unerheblich, ob die Vermögensverschiebung unter Verstoß gegen Verfahrensnormen oder mittels Eingriffs in behördliche oder private Befugnisse zustandekam. Die objektive Nichterfüllung der behördlichen Pflicht genügt, um den Rückgriff einer anderen Behörde oder einer Privatperson zu begründen. Einer zusätzlichen Rechtfertigung des handelnden Dritten bedarf es nicht. Für den Fall der Ersatzvornahme folgt aus dem Ausgleichsprinzip, daß ein Erstattungsanspruch auf die vom Polizeipflichtigen ersparten Kosten anzuerkennen ist, auch wenn deren spezielle gesetzliche Voraussetzungen nicht erfüllt sind. Denn der Verfahrensverstoß der Behörde darf nichts daran ändern, daß die finanziellen Lasten der Gefahrenabwehr gesetzlich dem Störer zugewiesen sind.

2. Um die bisher mit Hilfe der §§ 683, 679 BGB gelösten Ausgleichsprobleme dogmatisch korrekt zu erfassen, ist der dem Erstattungsanspruch zugrundeliegende *Tatbestand* der unrechtmäßigen Vermögensverschiebung näher zu *differenzieren und zu konkretisieren*. Die Ergebnisse der älteren Judikatur sind so in das Verwaltungsschuldrecht zu transformieren. Dabei fügen sich die resultierenden Einzeltatbestände ohne weiteres unter bekannte Anwendungsfälle des Erstattungsanspruchs in Gesetzen und neueren Verwaltungsgerichtsurteilen. Die Ersetzung der Geschäftsführung ohne Auftrag im öffentlichen Recht bedeutet damit eine dogmatische Vereinfachung, nicht die Fortführung bekannter Tatbestände unter neuer Bezeichnung.

a) Dem *„Rückforderungserstattungsanspruch“* liegt der klassische Fall einer unmittelbaren Vermögensverschiebung zwischen Geber und Empfänger zugrunde. Von ihm unterscheiden sich sämtliche bisher mit Hilfe der negotiorum gestio gelösten Tatbestände. Rückforderungsansprüche von Behörden gegen Bürger ergeben sich, wenn Leistungen aufgrund vorläufigen und später aufgehobenen Leistungsbescheids oder aufgrund eines als rechtswidrig zurückgenommenen Verwaltungsakts gewährt wurden. Im umgekehrten Verhältnis ist z. B. die rechtsgrundlose Zahlung von Abgaben zu nennen. Zwischen Behörden kann dieser Anspruch entstehen, wenn auf einen in Wahrheit nicht bestehenden Rückgriffserstattungsanspruch geleistet wurde[2]. Die Unrechtmäßigkeit

[2] *BSG* 29, 249 (22. 5. 1969); *BSG* DOK 1970, 501 (18. 12. 1969); *BVerwG* 36, 108 (17. 9. 1970).

der Vermögensverschiebung beruht in allen Fällen auf dem Nichtbestehen der öffentlich-rechtlichen Leistungspflicht und damit auf dem Fehlen eines Behaltensgrundes für den Empfänger. Der Tatbestand entspricht dem der Leistungskondiktion. Freilich können sich Behörden nicht auf den Fortfall der Bereicherung berufen, wohl aber redliche Privatpersonen.

b) Der Tatbestand des *„Rückgriffserstattungsanspruchs"* ist dadurch gekennzeichnet, daß die einer Behörde obliegende öffentlich-rechtliche Pflicht von einer unzuständigen oder nur subsidiär zuständigen Behörde oder von einer Privatperson erfüllt wird. Im ersteren Fall ist von dem „Rückgriffserstattungsanspruch wegen der Erfüllung fremder Verwaltungsaufgaben" zu sprechen, als dessen gesetzliche Erscheinungsformen etwa die Ausgleichsansprüchen zwischen Trägern der Sozialversicherung und der Sozialhilfe zu nennen sind[3]. Bei irrtümlichem Handeln der unzuständigen Behörde wendet die Rechtsprechung den Erstattungsanspruch — bisweilen als „Abwälzungsanspruch" bezeichnet — schon jetzt an. Nach der hier entwickelten Auffassung sollte das auch bei Kenntnis von der Verpflichtung der anderen Behörde, namentlich beim negativen Kompetenzkonflikt, geschehen. Der zweite „Rückgriffserstattungsanspruch wegen der freiwilligen Erfüllung von Verwaltungsaufgaben durch Privatpersonen" ist gesetzlich in § 121 BSHG anerkannt.

Anders als dem Rückforderungsanspruch liegt dem Rückgriffserstattungsanspruch eine reale Vermögensverschiebung zugrunde, die sich zwischen dem Geber und einem dritten Empfänger bzw. der Allgemeinheit vollzog. Die zuständige Behörde wird durch die Ersparnis eigener Ausgaben bereichert. Die Unrechtmäßigkeit dieses Vermögensvorteils beruht auf dem Verstoß gegen die gesetzliche Ordnung der Ausgabenkompetenz als Folge der Aufgabenkompetenz, anders gesehen, auf der Nichterfüllung der Pflicht der zuständigen Behörde. Die Erstattung setzt das Bestehen einer solchen Pflicht im Einzelfall voraus. Wenn Ermessensaufgaben von einer unzuständigen Behörde oder einer Privatperson wahrgenommen werden, findet kein Ausgleich statt. Die Pflicht bestimmt darüber hinaus den Umfang des Erstattungsanspruchs. Die zuständige Behörde hat fremde Aufwendungen nach Höhe und Zeitpunkt nur in dem Maß zu ersetzen, wie sie selbst zur Leistung verpflichtet war. Ein Fortfall der Bereicherung kann nicht geltend gemacht werden.

c) Der *„Erstattungsanspruch aus Ersatzvornahme"* ist für die Fälle rechtmäßiger Ersatzvornahme i. e. S. oder der unmittelbaren Ausführung polizeilicher Maßnahmen gesetzlich geregelt. Er erscheint in den

---

[3] §§ 1504 ff. RVO; §§ 103 ff. BSHG.

Polizei- und Vollstreckungsgesetzen nach dem Vorbild von § 55 Abs. 1 prPVG 1931 freilich in dem dogmatisch unzureichenden Bild eines Zwangsmittels[4]. Diese Konstruktion trifft augenscheinlich auf die unmittelbare Ausführung polizeilicher Maßnahmen nicht zu, weil es dort überhaupt keinen realen Verwaltungsakt gibt, der als Befehl an einen bestimmten Adressaten durchzusetzen wäre. Richtig gesehen, überwälzt der Anspruch die vorläufig von der Behörde getragene Kostenlast auf den nach Polizeirecht zuständigen privaten Träger; er hat vor allem eine Ausgleichsfunktion.

Vergegenwärtigt man sich diese Aufgabe der Ansprüche aus rechtmäßiger Ersatzvornahme, erhellt die Notwendigkeit, nach allgemeinem Verwaltungsschuldrecht einen „Erstattungsanspruch aus rechtswidriger Ersatzvornahme" anzuerkennen. Dies gebietet das Ausgleichsprinzip, demzufolge der Verfahrensverstoß der Behörde den Ausgleich des vom Polizeipflichtigen erlangten Vermögensvorteils nicht hindert. Sein Tatbestand ist dadurch gekennzeichnet, daß eine Behörde die einer Privatperson obliegende öffentlich-rechtliche Pflicht erfüllt und deren Vermögen durch Ersparnis mehrt. Auf einen solchen Sachverhalt hat die Verwaltungsrechtsprechung den Erstattungsanspruch bereits angewandt, um die Bezahlung gemeindlicher Anschlußkosten zu begründen. Die Unrechtmäßigkeit des von der Privatperson erlangten Vermögensvorteils beruht auf der Abweichung von der gesetzlichen Zuweisung der Kostenlast an den Pflichtigen. Wie in den Rückgriffsfällen wird eine Verbindlichkeit von einem anderen als dem eigentlich Verpflichteten erfüllt. Anders als dort geschieht das aber durch die zur Durchsetzung befugte Behörde, zivilrechtlich gesehen, also durch den Gläubiger. Im Umfang ist der Erstattungsanspruch aus rechtswidriger Ersatzvornahme begrenzt auf die vom Pflichtigen ersparten Kosten, die er bei ordnungsmäßigem Verfahren der Behörde selbst hätte aufwenden müssen.

3. Die Betrachtung öffentlich-rechtlicher Ausgleichsprobleme ließ wiederholt den *Blankettnormencharakter* der generellen Ausgleichsansprüche erkennen. Diese dogmatische Einsicht verlangt eine Abkehr von der zivilrechtlich geförderten Vorstellung, als seien die §§ 683, 812

---

[4] §§ 10, 13 Abs. 4 VwVollstrG; §§ 30, 34 Abs. 4 Musterentw. EPG. w. Nachw. bei *Wolff*, VerwR III § 160 II 1.

§ 55 prPVG 1931 geht zurück auf § 20 Abs. 3 des preuß. Gesetzes über die Polizeiverwaltung v. 11. 3. 1850 (GS 265), welcher lautete: „Wer es unterläßt, dasjenige zu tun, was ihm von der Polizeibehörde in Ausübung dieser Befugnis (zur zwangsweisen Durchsetzung von Polizeiverfügungen nach Abs. 2) geboten worden ist, hat zu gewärtigen, daß es auf seine Kosten zur Ausführung gebracht werde ..." Vorbild dafür dürfte die zivilprozessuale Zwangsvollstreckung durch Ersatzvornahme der preuß. Allg. GerichtsO. v. 1793 Buch 1 Tit. 24 § 49 sein.

BGB oder der Erstattungsanspruch sachlich eigenständige Anspruchsgrundlagen, mit denen man das richtige Ergebnis durch isolierte Subsumtion erzielen könnte. Sie alle enthalten vielmehr normative Tatbestandsmerkmale, welche erst unter Zuhilfenahme weiterer spezieller Normen einen konkreten Gehalt gewinnen können, so die Fremdheit des Geschäfts oder die Unrechtmäßigkeit bzw. Rechtsgrundlosigkeit der Vermögensverschiebung. Im öffentlichen Recht müssen dazu die speziellen das Verwaltungshandeln regelnden Gesetze hinzugezogen werden, weil sie es sind, welche die Ausgabenzuständigkeit von Behörden oder die finanziellen Pflichten von Privatpersonen regeln. Erst die Anwendung dieser konkreten Vorschriften legt den Ausgang von Regreßprozessen fest, während die generelle Anspruchsgrundlage nur eine Hilfsfunktion hat. Die Anwendung des Erstattungsanspruchs zerfällt daher in zwei Schritte: zunächst die tatsächliche Prüfung, welcher Vermögenszuwachs erzielt wurde, dann die Feststellung der Unrechtmäßigkeit der Vermögensverschiebung anhand der speziellen Gesetze.

Der Blankettnormencharakter der generellen Ausgleichsnormen liefert auch eine Erklärung dafür, daß z. B. die Rechtsprechung des Bundesgerichtshofs zu Sachentscheidungen gelangen kann, die denen der Verwaltungsgesetze widersprechen[5]. Hier wird die Zuständigkeit am Geschäft bzw. der Rechtsgrund entgegen den speziellen Vorschriften bestimmt. Diese Rechtstechnik der Gesetzesumgehung ist grundsätzlich zu mißbilligen. Wo es im Einzelfall erforderlich und legitim ist, vom Gesetz abzuweichen, muß das offen dargelegt werden. Allgemein liegt ein Mangel mancher Urteilsbegründungen darin, daß sie sich in formelhaften Wendungen, namentlich über den Geschäftsführungswillen, erschöpfen, anstatt konkrete Sacherwägungen anzustellen[6]. Hat man den Blankettnormencharakter der generellen Ausgleichsnormen erkannt, so ist von Urteilsbegründungen zu verlangen, daß sie vorrangig die spezialgesetzliche Regelung interpretieren, um der Fachöffentlichkeit den Nachvollzug des Entscheidungsprozesses zu ermöglichen. Der öffentlich-rechtliche Erstattungsanspruch darf darum nur als Hilfsnorm im Zusammenhang anderer Regelungen verstanden werden.

---

[5] *BGHZ* 40, 28; *BGHZ* 33, 251; *BGHZ* 63, 167.

[6] *BVerfG* 18, 429; *BVerfG* 27, 253; *BGHZ* 40, 28.

III. Rechtsweg

1. Die Befassung ordentlicher Gerichte mit Ausgleichsproblemen, die der Sache nach dem öffentlichen Recht angehören, reicht in die Zeit der *Fiskustheorie* zurück, wo sie rechtspolitisch billigenswert von dem Bedürfnis nach gerichtlichem Rechtsschutz überhaupt getragen wurde. Solange Verwaltungsgerichte fehlten oder ihre Zuständigkeit durch das Enumerationsprinzip beschränkt war, konnte materielles bürgerliches Recht legitimerweise auf öffentlich-rechtliche Sachverhalte angewandt werden. Die Einführung der verwaltungsgerichtlichen Generalklausel hat diese Rechtfertigung der traditionellen Kompetenzüberschreitung der ordentlichen Gerichte entfallen lassen.

2. Die richtige Zuordnung von Ausgleichsansprüchen zum öffentlichen oder bürgerlichen Recht wird dogmatisch durch das Modell der *Pflichtenfortwirkung* im Rückgriff gewährleistet. Der Anspruch des Dritten, der eine fremde Verbindlichkeit erfüllt, ist materiell aus der Pflichtenstellung des befreiten Schuldners abzuleiten. Rückgriffserstattungsansprüche und Erstattungsansprüche aus rechtswidriger Ersatzvornahme sind als Sanktionen zu verstehen, welche die Rechtsordnung wegen der objektiven Pflichtverletzung neben dem primären Erfüllungszwang und den Schadensersatzansprüchen wegen Nichterfüllung bzw. wegen Verletzung von Amtspflichten bereithält. Infolge dieses „Abwicklungszusammenhanges" (Jellinek) hat über solche Ausgleichsansprüche diejenige Gerichtsbarkeit zu entscheiden, welche für die primären Ansprüche zuständig ist. Daher gehören Rückgriffserstattungsansprüche zwischen Behörden vor die Verwaltungsgerichte ohne Rücksicht darauf, ob die klagende oder die beklagte Behörde in privatrechtlicher oder in öffentlich-rechtlicher Form handelte. Entscheidend ist allein, ob die erfüllte Pflicht auf öffentlichem Recht beruht. Aus dem gleichen Grunde sind Rückgriffserstattungsansprüche wegen der freiwilligen Erfüllung von Verwaltungsaufgaben durch Privatpersonen vor den Verwaltungsgerichten zu verfolgen. Gleiches gilt für Erstattungsansprüche aus rechtswidriger Ersatzvornahme, weil die Pflicht des Störers auf öffentlichem Recht beruht. Derartige Ansprüche dürfen nicht im Gewande der §§ 683, 679 BGB vor den ordentlichen Gerichten verfolgt werden, wie es der Bundesgerichtshof noch zuläßt. Dies ist auch nicht mit Hilfe der Konstruktion aufrechtzuerhalten, daß der polizeipflichtige Bürger gegenüber der Behörde sowohl nach öffentlichem als nach bürgerlichem Recht verpflichtet ist. Rechtsstaatlich ist es vielmehr geboten, daß der aus einem einzigen Lebenssachverhalt herrührende Streit um den gleichen Gegenstand zwischen den gleichen Beteiligten in einem einzigen Verfahren abgewickelt wird. Dies kann bei Ersatzvornahme nur das Verwaltungsverfahren sein.

Die ordentlichen Gerichte haben dagegen über Ansprüche der Verwaltung wegen der Erfüllung privatrechtlicher Pflichten zu entscheiden. Gesetzlich ergibt sich dies aus den Konstruktionen des Rückgriffs gegen Unterhalts- und Schadensersatzpflichtige im Sozialleistungsrecht. Für die übrigen mit Hilfe der §§ 683, 812 BGB zu lösenden Regreßfälle ist es danach zu verallgemeinern.

Entscheidungsregister

Fette Ziffern verweisen auf den Paragraphen, magere auf die Fußnote, in der die Entscheidung angeführt ist. Abkürzungen älterer Zeitschriften und Sammlungen bei *Wollschläger*, GoA 329 ff.

I. Bundesverfassungsgericht

31. 3. 1965	BVerfG 18, 429	**1** 3 **4** 22, 24, 25, 29 **7** 6, 36, 47
3. 12. 1969	BVerfG 27, 253	**3** 11, 45 **7** 6

II. Zivilgerichte bis 1879

Badisches Oberhofgericht	9. 12. 1852	SeuffArch 9 Nr. 285	**5** 7, 15, 23
—	ca. 1856	BadAnn 23, 81	**2** 4, 16 **5** 70
—	25. 9. 1860	BadAnn 23, 38	**2** 4
OGH f. Bayern	17. 5. 1873	BayObLGZ 3, 490	**2** 4
—	25. 4. 1874	BayObLGZ 4, 643	**3** 9
OAG Cassel	7. 7. 1866	HeusersAnn 14, 138	**2** 1, 15, 16
AppG Dresden	ca. 1843	Wochenbl 1844, 65	**1** 1 **2** 1, 16, 28, 40 **5** 70
OAG Dresden	27. 1. 1870	AnnSächsOAG NF 8, 281	**3** 33, 41
OAG Jena	20. 2. 1844	ThürBl 13, 390	**3** 3, 10, 43
—	21. 9. 1866	SeuffArch 21 Nr. 51	**2** 106
OAG München	3. 5. 1845	SeuffBl 12, 42	**3** 3
CassHof Paris	7. 2. 1882	PucheltsZ 14, 204	**3** 10, 43
Preuß. KompetenzGH	14. 12. 1889	Reger ErgBd 1, 54	**3** 20
Preuß.ObTrib	13. 7. 1857	PrObTrib 36, 312	**2** 16 **5** 70
—	5. 2. 1866	Striethorst 62, 134	**4** 10
—	4. 11. 1873	Fenner u. Mecke 7, 6	**5** 7
Sächs.Competenz-Commission	20. 11. 1875	ZfRpfl NF 43, 173	**3** 18, 20, 69
Sächs. KompetenzGH	3. 2. 1875	AnnSächsOLG 19, 242	**3** 20
ObTrib Stuttgart	17. 3. 1834	WürttMSchr 1, 237	**2** 10, 106
Cassationshof Wolfenbüttel	27. 4. 1860	BraunschwZ 1861, 100	**4** 6, 10, 16

II. Zivilgerichte 1879 bis 1976

1. Reichsgericht

2. Bundesgerichtshof

7. 11. 1960	Az: VII ZR 168/59 BGHZ 33, 243 = NJW 1961, 118	4	15, 17
7. 11. 1960	Az.: VII ZR 82/59 BGHZ 33, 251 = NJW 1961, 359	6	14 7 5
8. 3. 1962	LM Nr. 3 zu § 52 BVG	4	37
16. 4. 1962	LM Nr. 84 zu § 13 GVG	2	117
19. 3. 1963	FamRZ 1963, 352	4	37
20. 6. 1963	Az.: VII ZR 263/61 BGHZ 40, 28	5	25, 26, 28, 29, 53
		6	4 7 5, 6
20. 6. 1963	Az.: VII ZR 97/62 VersR 1963, 1074	5	25
19. 9. 1963	NJW 1963, 2315	4	37
12. 3. 1964	NJW 1964, 1365	5	58
13. 4. 1865	NJW 1965, 1595	5	52 6 5
10. 4. 1969	NJW 1969, 1205	5	58
13. 10. 1969	BGHZ 52, 371	3	11, 44
21. 1. 1971	BGHZ 55, 207 = NJW 1971, 754	6	14
2. 2. 1971	VkBl 1971, 609	2	3, 135
2. 3. 1972	WM 1972, 616 = DVBl 1972, 778	3	48
8. 11. 1973	BGHZ 61, 359 = NJW 1974, 96	3	80
15. 10. 1974	NJW 1975, 47	5	57
24. 10. 1974	BGHZ 63, 167 = NJW 1975, 207	6	2, 4 7 5
31. 3. 1975	LM 18 zu § 677 BGB	2	3, 136
4. 12. 1975	NJW 1976, 619	5	8
15. 12. 1975	NJW 1976, 748	5	8, 58

3. Oberlandesgerichte

Breslau	21. 3. 1914	OLGRspr 34, 66	4	41
Celle	10. 11. 1905	OLGRspr 12, 272	3	18
—	28. 4. 1931	DRiZRspr 1931, 477	5	23, 25
Colmar	10. 1. 1902	DJZ 1903, 576	5	22, 23
Darmstadt	21. 5. 1881	Kah 1, 355	4	13
Dresden	31. 12. 1890	AnnSächsOLG 13, 31	5	22, 23
—	24. 6. 1895	AnnSächsOLG 17, 361	4	10
—	22. 5. 1897	AnnSächsOLG 19, 38	5	17, 23
Düsseldorf	23. 10. 1908	RheinArch 106, 136	3	8
—	4. 10. 1972	VersR 1973, 64	6	2
Frankfurt/M.	13. 10. 1913	OLGRspr 28, 205	2	35 3 20
Hamburg	5. 3. 1886	HansGZ 1886 B 245, 249	5	22, 23
—	10. 6. 1892	SeuffArch 48 Nr. 86	2	7, 12
—	29. 7. 1907	OLGRspr 18, 23	2	9, 41
—	18. 6. 1908	SoergRspr 1912, 201	2	9
—		BreslauAK 1912, 37	2	41
—	30. 10. 1918	SeuffArch 74 Nr. 66	4	20
—	16. 2. 1920	HansRZ 1920, 205 = OLGRspr 40, 332	5	23
—	19. 10. 1920	HansGZ 1920 B 285	4	42
—	17. 1. 1921	HansRZ 1921, 269	4	7
Hamm	20. 11. 1944	DR 1945, 53	4	32

Jena	20. 9. 1935	SächsArch 1935, 280	3	20
Kammergericht	5. 2. 1902	OLGRspr 5, 310	3	22, 81
—	4. 10. 1907	SeuffArch 63 Nr. 42	4	10, 12
—	15. 10. 1918	KGBl 1918, 68	6	11
—	12. 10. 1929	JW 1930, 1978	3	8
—	12. 11. 1930	DRiZRspr 1931 Nr. 88	6	11
—		JW 1932, 3362	3	20, 56, 57
—	10. 7. 1940	JRPrivVers 1940, 141	3	22
Karlsruhe	5. 11. 1879	BadAnn 46, 66	4	10
—	26. 2. 1886	BadAnn 52, 181	2	5, 16
Kiel	10. 5. 1906	OLGRspr 14, 32	4	13
—	19. 10. 1906	OLGRspr 18, 22	3	18
—	3. 11. 1906	SchlHA 1907, 33	5	49
—	4. 4. 1917	OLGRspr 36, 202	4	20
—	23. 10. 1919	SchlHA 1919, 324	3	23, 81
—	20. 10. 1926	OLGRspr 46, 139	4	22, 23
—	15. 5. 1929	SchlHA 1930, 44	4	43
Köln		JW 1935, 3056 Nr. 36	3	19
—	13. 10. 1967	OLGZ 1965, 137	5	58
—	22. 9. 1972	VkBl 1972, 922	5	58
Königsberg	22. 5. 1919	SeuffArch 75 Nr. 156	4	20
—	2. 3. 1937	HRR 1937, 1436	5	61
München	22. 6. 1910	SeuffArch 66 Nr. 230	4	10, 12
—	25. 1. 1968	NJW 1968, 604	2	3, 54, 135
Neustadt	29. 11. 1952	MDR 1953, 230	4	2
Nürnberg	25. 4. 1956	BayJMBl 1956, 167	5	22, 23
Posen	10. 1. 1913	PosMSchr 16, 16	2	9, 41
Rostock	10. 2. 1931	MecklZ 47, 370	2	4, 40, 88
Schleswig	10. 7. 1959	SchlHA 1959, 295	4	23
Stuttgart	20. 12. 1925	WürttZ 1925 SprB 139	4	7
—	12. 1. 1927	WürttZ 1928 SprB 18	4	15
—	26. 11. 1947	NJW 1947/48, 227	6	11

4. Landgerichte

Aachen	27. 6. 1952	BB 1952, 761	5	64
—	8. 11. 1967	VersR 1968, 657	2	8, 41, 132
Berlin	15. 12. 1905	KGBl 1906, 104	3	23, 81
—	11. 4. 1913	KGBl 1914, 46	3	18
—	25. 5. 1938	JW 1938, 2350	4	15, 18
—	24. 6. 1950	JR 1951, 405	5	63
—	18. 2. 1958	NJW 1958, 831	4	23, 26
Braunschweig	1. 3. 1972	VersPraxis 1974, 118	5	25
Dortmund	21. 5. 1951	DVBl 1952, 254	5	64
Essen		JW 1934, 1932 Nr. 6	3	19
Frankfurt/O.	26. 9. 1918	KGBl 1918, 89	3	27, 65, 68

Frankenthal	30. 4. 1958	MDR 1958, 603	4	33
Görlitz		DR 1943, 1107	4	32
Göttingen	9. 3. 1950	JZ 1952, 32	4	32
Hamburg	2. 6. 1885	HansGZ 1886 B 246	5	22, 23
—	12. 10. 1894	HansGZ 1895 B 137	4	12
—	5. 4. 1895	HansGZ 1895 B 140	4	12
—	13. 4. 1950	MDR 1950, 617	4	2
Kiel	16. 3. 1916	SchlHA 1916, 89	3	43 5 23
Liegnitz	1. 12. 1936	JW 1937, 643	5	24
München	12. 8. 1952	NJW 1953, 304	4	28
Plauen	16. 2. 1883	Wengler 1885, 10	3	27
Posen	18. 5. 1908	PosMSchr 1908, 98	3	18
Wiesbaden	15. 10. 1968	DAR 1970, 751	3	4, 35, 59, 75
Würzburg	28. 5. 1959	VkBl 1959, 552	2	2, 16, 41, 49, 136

5. Amtsgerichte

Berlin-Lichterfelde	30. 5. 1950	JR 1951, 53	5	62
Goldberg	25. 8. 1936	Recht des Reichsnährstands 1936, 1017	5	24

III. Verwaltungsgerichtsbarkeit

1. Bundesverwaltungsgericht

9. 12. 1955	DVBl 1956, 375 = NJW 1956, 925	2	6, 15, 71, 74, 117, 122
9. 5. 1960	BVerwG 10, 282	5	20, 56
12. 1. 1962	BBauBl 1962, 454	3	33, 62, 73
15. 4. 1964	BVerwG 18, 221	1	3 2 7, 40, 71, 96, 114, 117
8. 12. 1965	BVerwG 23, 25	2	110
21. 9. 1966	ZfS 1967, 49	2	47
8. 2. 1967	BVerwG 26, 145	2	52
22. 2. 1967	BVerwG 26, 221	2	47
20. 6. 1967	BVerwG 27, 215	2	110
16. 8. 1967	BVerwG 27, 314	3	28, 73
2. 7. 1969	BVerwG 32, 279	2	24, 38, 88, 101
17. 9. 1970	BVerwG 36, 108	2	88, 110 7 2
10. 11. 1972	DÖV 1973, 490 = BayVBl 1973, 328	2	10, 13, 115

2. Oberverwaltungsgerichte

BayVGH	29. 10. 1969	VerwRspr 21, 397	2	3, 16, 54, 61, 71, 113, 135
—	14. 7. 1970	VerwRspr 22, 866	2	88, 113
—	29. 10. 1970	BayVBl 1971, 231	2	10
—	24. 5. 1972	VerwRspr 24, 542	3	30, 42, 62, 73, 79
			5	5, 65

OVG Hamburg	3. 4. 1968	VerwRspr 19, 923	3	86
—	21. 2. 1969	FEVS 17, 124	2	101
OVG Lüneburg	25. 5. 1962	VerwRspr 15, 799	3	33, 50, 73, 81
OVG Münster	29. 1. 1954	VerwRspr 7, 743	2	78
—	4. 10. 1961	Gemeinde 1962, 40	3	33, 50, 78
—	14. 2. 1962	VerwRspr 15, 724	5	46, 47
—	18. 7. 1962	OVGE 18, 384	2	3, 49, 71
—	6. 10. 1969	DVBl 1970, 840	3	80
—	5. 8. 1970	VerwRspr 22, 568	3	33, 80
—	11. 1. 1971	VerwRspr 25, 344	5	46
—	23. 10. 1975	NJW 1976, 1956	1	2 2 3, 16, 20, 31, 41, 49, 71, 80
Preuß.OVG	23. 4. 1898	PrOVG 34, 272	2	8
—	4. 5. 1920	PrOVG 76, 328	2	4
—	7. 10. 1930	PrOVG 86, 199	2	4
—	4. 11. 1930	RuPrVBl 52, 196	5	48
SächsOVG	24. 10. 1906	SächsOVG 10, 56	2	88
VGH Stuttgart	23. 1. 1895	WürttJb 7, 230	5	22, 34

3. Verwaltungsgerichte

Berlin	9. 1. 1959	FVGE 6, 29	2	8
Hannover	5. 7. 1965	MDR 1965, 1023	5	23, 45
Köln	10. 10. 1968	DWW 1969, 82	5	46
Stuttgart	28. 2. 1970	MDR 1970, 956	4	54

4. Bundesamt für Heimatwesen

7. 1. 1873	BAH 2, 91	3	18
1. 9. 1877	BAH 9, 31	3	21
29. 1. 1881	BAH 13, 53	3	18

IV. Sozialgerichtsbarkeit

1. Bundessozialgericht

20. 12. 1957	BSG 6, 197 = NJW 1958, 886	1	3 2 8, 16, 41, 71, 81, 88, 117
28. 8. 1961	BSG 15, 56	2	8, 24, 71
9. 7. 1961	BSG 15, 89	2	8, 16, 25
24. 10. 1961	BSG 15, 169	3	25, 74
30. 1. 1962	BSG 16, 151	2	34, 101
31. 7. 1963	BSG 19, 270	3	74
13. 2. 1964	BSG 20, 143	2	8, 19, 24, 96
23. 4. 1965	MDR 1965, 861	4	34, 48, 54
30. 6. 1965	MDR 1965, 1029	4	34, 48, 54
27. 8. 1968	BSG 28, 199	2	67
22. 5. 1969	BSG 29, 249	7	2

2. Landessozialgerichte

Sachregister

FSC
www.fsc.org
MIX
Papier | Fördert
gute Waldnutzung
FSC® C083411

Kolibri 360 GmbH
Ferdinand-Jühlke-Straße 7
99095 Erfurt, Deutschland
produktsicherheit@kolibri360.de

Druck:
CPI Druckdienstleistungen GmbH
im Auftrag der
Kolibri 360 GmbH
Ferdinand-Jühlke-Str. 7
99095 Erfurt